Best friends
베스트 프렌즈 시리즈 9

베스트 프렌즈
삿포로

정꽃나래·정꽃보라 지음

중앙books

CONTENTS 삿포로

일러두기 3

삿포로 미리보기
Must Do List 이것만은 꼭 해보자 4
Must Eat List 01 삿포로를 맛보다 8
Must Eat List 02 일본을 맛보다 10
Must Buy List 01 편의점&슈퍼마켓 14
Must Buy List 02 세이코마트 16
Must Buy List 03 드러그스토어 18
Must Buy List 04 삿포로의 맛있는 명과 20

여행 설계
Information 일본 국가 정보 22
Access 삿포로 입국하기 26
Transportation 삿포로 시내교통 27

지역별 여행 정보
Location 삿포로 한눈에 보기 36
Attraction 삿포로의 볼거리 38
Plus Area 시내에서 한 걸음 더 56
Restaurant 삿포로 미식탐방 70
Accomodation 삿포로의 숙소 88
Plus Area 시코츠 호수 92
Plus Area 조잔케이 온천 94

삿포로에서 떠나는 당일치기 근교 여행
오타루 OTARU 98
오타루로 이동하기 100 | 오타루 시내 교통수단 100
후라노·비에이 FURANO·BIEI 116
후라노로 이동하기 118 | 비에이로 이동하기 118 |
후라노·비에이 시내 교통수단 119

삿포로 여행 준비

여권과 비자 134 | 항공권 예약하기 135 |
여행 준비물 136 | 여행에 유용한 애플리케이션 137 |
통신수단 138 | 사건·사고 대처 139 | 여행 일본어 140

삿포로 지도 목차

삿포로 광역 144 | 삿포로역 부근 146 | 스스키노 부근 148
삿포로 시영지하철 노선도 150 | 삿포로 노면전차 노선도 151

인덱스 142

여행이 더욱 재미있어지는 +Plus

추천! 삿포로 교통패스 30
알고 가면 요긴한 삿포로 대중교통 티켓 33
삿포로역 구석구석 둘러보기 40
오오도오리 공원 알차게 즐기기 44
세계 3대 축제 중 하나, 삿포로 눈 축제 60
일본 3대 야경! 삿포로 야경 감상하기 62
홋카이도 명물과 함께 하는 이색 체험 여행 66

삿포로 라멘 로드 74
삿포로의 명물, 브랜드 카페 86
오타루 운하 구석구석 둘러보기 103
사카이마치 거리 집중 해부 106
오타루 레트로 건축 산책 112
영화 속 풍경으로, 영화 〈러브레터〉의 촬영지를 찾아서 114

일러두기

지역 소개 및 구성상의 특징

이 책에 실린 정보는 2025년 8월까지 수집한 정보를 바탕으로 하고 있습니다. 따라서 현지 볼거리와 식당·쇼핑 명소의 운영 시간, 교통 요금과 운행 시간, 숙소 정보 등이 수시로 바뀔 수 있습니다. 이 점을 감안하여 여행 계획을 세우시기 바랍니다.
스폿 정보 부분의 '키워드' 항목은 지도 애플리케이션 구글 맵스(Google maps)에 입력 시 해당 스폿의 위치를 바로 짚어주는 키워드입니다.

지도에 사용한 기호

관광	식당	쇼핑	숙소	시영지하철	JR 전철
노면전차	표지물	버스터미널	로손(편의점)	패밀리마트(편의점)	세븐일레븐(편의점)

Must Do List
이것만은 꼭 해보자

도심 속 오아시스
오오도오리 공원, 오감으로 느끼기 P.43

삿포로 명물
풍성한 먹거리 투어 P.70

시계탑과 구 본청사
삿포로의 상징 삿포로시 시계탑과 홋카이도청 구 본청사 감상하기 P.42

Must Do List
이것만은 꼭 해보자

야경
일본 3대 야경으로 손꼽히는 삿포로의 황홀한 밤에 취해보기 P.62

쇼핑
쇼퍼홀릭을 위한 최고의 장소, 삿포로역과 오오도오리 공원 돌아다니기 P.40, 44

홋카이도 대학교
녹음이 우거진 홋카이도 대학교의 자연 캠퍼스 거닐기 P.46

Must Eat List
삿포로를 맛보다

삿포로에 갔다면 꼭 한 번은 즐겨야 후회하지 않는다는 삿포로의 대표 음식을 알아보자.

수프카레
スープカレー

삿포로의 한 음식점에서 탄생한 요리가 선풍적인 인기를 끌면서 홋카이도를 대표하는 음식으로 급부상했다. 흔히 일본식 카레 하면 걸쭉하고 자박한 소스를 떠올리는데, 이와는 달리 수프카레는 소스보다는 국에 가까울 정도로 많은 국물이 특징이다. 닭고기와 채소로 우린 육수에 각종 향신료를 배합해 만드는 육수를 베이스로, 닭, 돼지, 양고기, 해산물을 메인으로 하여 홋카이도에서 나고 자란 감자, 양파, 브로콜리, 호박, 가지 등 채소를 넣고 만든다.

미소라멘
味噌ラーメン

미소된장을 베이스로 만든 라멘. 시린 추위에 따끈한 국물만큼 어울리는 음식도 없다. 지방마다 다른 맛으로 승부하는 홋카이도의 3대 라멘 중 하나로, 삿포로 札幌의 미소라멘과 더불어 하코다테 函館의 시오라멘, 아사히카와 旭川의 쇼유라멘을 꼽는다. 최근 얇은 곱슬면과 간장육수로 대표되는 쿠시로 釧路 라멘의 존재감이 커지면서 4대 라멘으로 구별하는 사람들이 많아졌다.

라멘샐러드
ラーメンサラダ

이자카야에서 자주 볼 수 있는 메뉴 중 하나로, 면과 샐러드가 5:5 비율 또는 샐러드 비중을 더 높인 것이 특징이다. 참깨 드레싱이나 시저 샐러드 드레싱 등 다양한 맛의 소스를 넣어 먹는다.

교자카레
ぎょうざカレー

일본식 군만두, 교자 전문 체인점 '미요시노 みよしの(P.127)'의 간판 메뉴가 삿포로의 명물 음식으로 승격되었다. 걸쭉하고 달콤한 카레 위에 폭신폭신 부드러운 교자를 얹은 단순한 조합이지만 호불호 없이 누구나 즐길 수 있다.

시메파르페
しめパフェ

고기를 먹은 후 냉면으로 마무리하는 것처럼 일본인은 술자리 후 라멘으로 마무리를 하는 경우가 많다. 반면 삿포로는 마무리를 라멘이 아닌 파르페로 하는 습관이 자연스레 생겼다. 이러한 풍경을 뒷받침하듯 늦은 밤까지 운영하는 파르페 전문점이 많다. '파르페, 커피, 술, 사토'(P.134)가 대표적.

치쿠와빵
ちくわパン

삿포로의 인기 빵집 동구리 どんぐり(P.131)가 고안한 '구운 어묵 빵 ちくわパン'은 빵 속에 참치마요를 넣어 더욱 맛있다.

Must Eat List
일본을 맛보다

삿포로의 요리를 음미하는 것만으로도 벅찰 테지만 신선하고 좋은 자료로 만든 일본 전통 음식을 먹지 않고는 못 배길 것이다. 초밥부터 면요리까지 다양하게 즐기면 좋을 일본의 대표 음식을 소개한다.

초밥
寿司

식초와 소금으로 간을 한 하얀 쌀밥과 날생선이나 조개류를 조합한 것이다. 일반적으로 알려진 밥 위에 재료를 얹은 초밥을 니기리즈시 握り寿司, 김밥과 형태가 비슷한 마키즈시 巻き寿司, 밥과 재료를 김으로 감싼 원뿔형 초밥 테마키즈시 手巻き寿司, 유부초밥 이나리즈리 稲荷寿司, 날생선과 계란 등을 뿌린 치라시즈시 ちらし寿司, 나무 사각틀에 밥과 재료를 넣어 꾹 누른 사각형 초밥 오시즈시 押し寿司, 성게나 연어알 등을 밥에 얹어 김으로 감싼 군칸마키 軍艦巻き 등이 있다. 미국에서 시작된 것으로 게맛살, 아보카도, 마요네즈를 넣어 돌돌 만 것을 캘리포니아롤 カリフォルニアロール이라고 하는데 일본에도 역수입되어 흔히 볼 수 있게 되었다.

Tip 재료로 알아보는 초밥 사전

재료	일어명, 발음	재료	일어명, 발음	재료	일어명, 발음
참치	マグロ, 마구로	꽁치	サンマ, 산마	오징어	イカ, 이카
참치살 중 지방이 많은 뱃살 부위	大トロ, 오오토로	가자미	カレイ, 카레이	문어	タコ, 타코
오오토로 이외에 지방이 적은 참치 부위	中トロ, 츄토로	방어	ぶり, 부리	성게	ウニ, 우니
붕장어	アナゴ, 아나고	새끼 방어	はまち, 하마치	갯가재	シャコ, 샤코
장어	ウナギ, 우나기	도미	たい, 타이	가리비	ホタテ, 호타테
연어	サーモン, 사아몬	잿방어	かんぱち, 칸파치	전복	アワビ, 아와비
고등어	サバ, 사바	넙치	ひらめ, 히라메	피조개	アカガイ, 아카가이
정어리	イワシ, 이와시	광어지느러미	えんがわ, 엔가와	연어 알	イクラ, 이쿠라
전갱이	アジ, 아지	새우	エビ, 에비	청어 알	かずのこ, 카즈노코
가다랑어	カツオ, 카츠오	게	カニ, 카니	달걀	たまご, 타마고

라멘
ラーメン

중국의 전통음식인 라미엔 拉麵이 일본으로 건너와 현재의 형태로 발전하면서 일본의 대표 음식으로 자리 잡았다. 홋카이도는 대표적인 라멘 격전지로 삿포로 札幌 미소라멘 味噌ラーメン(미소된장), 하코다테 函館 시오라멘 塩ラーメン(소금), 아사히카와 旭川 쇼유라멘 醤油ラーメン(간장쇼유)이 홋카이도 3대 라멘으로 꼽힌다. 각종 육수에 면을 담고 반숙 달걀, 파, 차슈(チャーシュー, 돼지고기조림), 멘마(メンマ, 죽순을 유산 발효시킨 가공식품) 등 다양한 재료를 얹은 단순한 조합으로 구성된다.

소바
そば

메밀가루로 면을 만들어 쯔유에 찍어 먹거나 육수에 넣어 먹는 요리. 쯔유는 지역마다 만드는 방식이 다르나 일반적으로는 가다랑어를 쪄서 말린 가츠오부시, 다시마, 표고버섯 등을 우려낸 육수에 간장, 설탕, 미림 みりん 등을 넣어서 만든다. 소바는 크게 쯔유에 찍어 먹는 모리소바 もりそば와 육수를 그릇에 부어 국물과 함께 먹는 카케소바 かけそば, 다양한 재료와 함께 볶아 먹는 야키소바 焼きそば로 나뉜다.

우동
うどん

밀가루를 반죽하여 길게 늘어뜨린 면을 간장육수에 넣어 먹는 요리. 우동의 종류는 국물과 함께 먹는 카케우동 かけうどん과 소바처럼 면을 찬물에 헹궈 대발에 올린 자루우동 ざるうどん, 소량의 간장소스나 쯔유를 뿌려 먹는 붓카케우동 ぶっかけうどん, 면을 볶아 먹는 야키우동 焼うどん 등이 있다.

돈부리
どんぶり

일본 가정식의 대표 격인 돈부리는 밥 위에 반찬을 얹어 그대로 먹는 일본식 덮밥을 말한다. 간편한 한 끼 식사로 인기가 높으며 위에 올려진 반찬에 따라 이름이 달라진다. 대표적인 것으로는 규동(牛丼, 소고기), 부타동(豚丼, 돼지고기), 텐동(天丼, 튀김), 오야코동(親子丼, 닭고기와 계란), 카츠동(カツ丼, 돈카츠), 우나동(鰻丼, 장어), 카이센동(海鮮丼, 해산물) 등이 있다.

스키야키 & 샤부샤부
すき焼き & しゃぶしゃぶ

일본식 전골인 나베 요리의 대표, 스키야키 すき焼き는 얇게 썬 소고기와 양파, 두부, 버섯, 파 등의 재료를 냄비에 넣고 끓이면서 간장과 설탕으로 맛을 낸 것으로 재료가 익으면 날계란에 찍어 먹는다. 또 다른 나베 요리 샤부샤부 しゃぶしゃぶ는 스키야키보다 한국에서 다양한 형태로 만나볼 수 있는 음식으로 고기와 채소를 뜨거운 육수에 넣어 익힌 다음 참깨소스나 폰즈 ポン酢라고 하는 과즙식초에 찍어 먹는다.

야키토리
焼き鳥

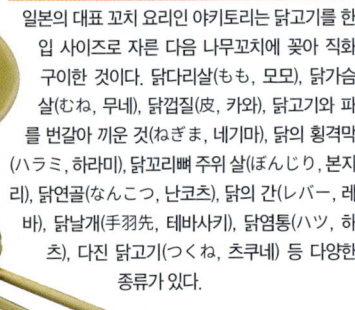

일본의 대표 꼬치 요리인 야키토리는 닭고기를 한입 사이즈로 자른 다음 나무꼬치에 꽂아 직화구이한 것이다. 닭다리살(もも, 모모), 닭가슴살(むね, 무네), 닭껍질(皮, 카와), 닭고기와 파를 번갈아 끼운 것(ねぎま, 네기마), 닭의 횡격막(ハラミ, 하라미), 닭꼬리뼈 주위 살(ぼんじり, 본지리), 닭연골(なんこつ, 난코츠), 닭의 간(レバー, 레바), 닭날개(手羽先, 테바사키), 닭염통(ハツ, 하츠), 다진 닭고기(つくね, 츠쿠네) 등 다양한 종류가 있다.

일본식 양식

일본에는 서양음식을 일본화하여 고유의 음식으로 정착한 요리가 많다. 대표적인 것은 인도의 전통음식인 카레 カレー다. 일본에서는 카레라이스 カレーライス라 불리는데 인도에서 직접 들어온 것이 아닌 메이지 明治 시대 인도를 지배했던 영국 해군에 의해 전해진 것이라고 한다. 향신료가 강한 인도의 카레와 달리 고기나 해산물, 채소 등 재료의 풍미를 살린 매콤달콤한 맛이 특징이다.

돈카츠 とんかつ 또한 일본이 만든 것으로 영국에서 건너온 커틀릿(일본에서는 카츠레츠 カツレツ라 한다)을 독자적인 스타일로 발전시킨 것이다. 기본적으로 커틀릿은 소고기나 양고기로 만드는데, 돼지고기로 만든 커틀릿을 포크카츠레츠라고 하다가 돼지를 의미하는 한자 '돈 豚'을 사용해 지금의 단어로 바뀌었다.

오므라이스 オムライス는 프랑스의 달걀 요리인 오믈렛 Omelette에 케첩을 섞은 밥을 더해 데미그라스 소스를 끼얹어 먹는 것으로 오믈렛과 라이스(Rice, 밥)를 합친 조어다. 1900년대 양식 전문점이 치킨라이스와 오믈렛을 합친 음식을 제공하기 시작하면서 탄생한 음식이다.

술

일본에서 가장 대중적인 주류는 맥주 ビール다. 대표적인 맥주회사로는 기린 Kirin, 아사히 Asahi, 삿포로 Sapporo, 산토리 Suntory 등이 있다. 맥주에 가까운 맛을 내지만 보리 함량이 적고 사용 원료가 다른 '발포주 発泡酒'와 보리 이외의 것을 주원료로 하여 제조했거나 발포주에 보리 증류주를 첨가한 '신장르 新ジャンル'도 맥주의 한 종류다. 맥주만큼 인기를 누리는 것은 바로 니혼슈 日本酒다. 쌀을 원료로 한 양조주로 세이슈 清酒라고도 불린다. 일본 법에 의해 알코올 도수 22도 미만으로 규정되어 있지만 대부분 15~16도다. 차갑게 해서 마시는 레이슈 冷酒, 데워서 마시는 칸자케 燗酒, 상온으로 즐기는 조온 常温, 유리잔에 얼음을 띄워서 마시는 로꾸 ロック 등이 있다. 추하이는 소주를 뜻하는 쇼츄 焼酎의 '추'와 하이볼(하이볼, 위스키와 소다수를 섞은 술)의 '하이'를 합친 단어로 증류주를 베이스로 하여 과즙과 탄산을 섞은 것을 말한다. 사와는 위스키나 소주 등의 알코올 음료와 레몬, 키위, 라임, 매실 등과 소다를 섞어 만든 칵테일의 일종이다. 알코올 도수가 낮은 편이고 달달한 맛이 강하므로 여성에게 인기가 높다.

Must Buy List
편의점&슈퍼마켓

목이 마르거나 입이 심심할 때, 또는 화장실이 가고 싶거나 현금을 인출해야 할 때 등 상황에 따라 탁월한 대처능력을 보여주는 것은 다름 아닌 편의점이다. 한국인에게도 친숙한 세븐일레븐 セブンイレブン, 패밀리마트 ファミリーマート, 로손 ローソン 등이 있으며, 브랜드별로 홋카이도 한정 오리지널 상품을 개발하고 판매하는 데 주력하고 있다. 홋카이도 곳곳에 자리한 슈퍼마켓 프랜차이즈로는 슈퍼아크스 スーパーアークス, 코프 コープ, 이온 イオン 등을 꼽을 수 있다. 대형마트인 만큼 웬만한 상품은 모두 찾아볼 수 있으며 다양한 할인행사로 인해 생각지도 않은 득템을 할 수도 있다.

홋카이도 한정! 편의점&슈퍼마켓 추천 상품

\ 더블라멘
ダブルラーメン

컵라면

홋카이도 컵라면의 대표 격 자리는 '야키소바벤토 やきそば弁当'가 지키고 있다. 다른 야키소바 컵라면과 달리 뜨거운 물을 버리지 않고 동봉된 가루를 넣으면 수프로 변신! 야키소바와 함께 마시는 것을 권장한다.

봉지라면

도산코 道産子(홋카이도에서 태어나고 자란 사람을 이르는 말)의 야키소바 사랑은 봉지라면으로도 이어진다. 액체 소스와 플레이크가 별도로 들어 있는 '야킷페 やきっぺ'와 면에 이미 맛이 배어 있는 '홍콩 야키소바 ホンコンやきそば'가 양대 산맥. 소금, 미소된장, 간장쇼유 세 가지 맛으로 구성된 '더블라멘 ダブルラーメン'도 예부터 사랑받고 있는 봉지라면이다.

양념·소스

소바나 우동에 쓰이는 멘츠유 소스 めんつゆ 가운데 홋카이도에서만 판매하는 '멘미 めんみ', 징기스칸 소스로 달달한 맛이 강한 '소라치 ソラチ'와 간장 맛이 진한 '베루 ベル'가 대표적인 소스다. 일본식 고춧가루 시치미 七味, 오코노미야키의 뿌려 먹는 소스 お好み焼きソース, 일본식 카레가루 カレールー, 미소된장 味噌汁 등 일본음식 관련 제품도 빼놓을 수 없다.

반찬

홋카이도에서 팥을 넣은 찰밥을 먹을 때 반드시 넣어 먹는 '아마낫토 甘納豆'는 슈퍼마켓에서 구입할 수 있는 홋카이도스러운 반찬. 매실 절임 우메보시 梅干し, 콩을 발효시킨 식품 낫토 納豆, 녹차에 밥을 말아 먹는 오차즈케 お茶漬け도 반찬으로 추천하는 제품이다.

/ 러브러브샌드 /

빵

홋카이도 편의점이나 슈퍼마켓에서만 구입할 수 있는 한정 빵 하면 어린이의 영양을 생각한 '비타민 카스텔라 ビタミンカステーラ', 식빵에 다양한 소스나 재료를 끼워 만든 '러브러브샌드 ラブラブサンド'를 들 수 있다.

음료

오렌지와 자몽을 섞은 듯한 탄산음료 '리본나폴린 リボンナポリン', 군인용 영양 음료였다가 홋카이도산 유산균 음료로 정착한 '소프트카츠겐 ソフトカツゲン', 아마존 밀림지대에서 자라는 덩굴식물 과라나 엑기스로 만든 '코업과라나 コアップガラナ'는 홋카이도에서만 만날 수 있는 음료수이다. 홋카이도 한정 맥주 '삿포로 클래식 SAPPORO CLASSIC'도 빼먹지 말 것!

편의점 PB상품

세이코마트에서 선보이는 '어묵빵 ちくわパン'과 '휘핑커스터드빵 ようかんパン', 아이스크림 '옥수수모나카 とうきびモナカ', 소금맛 과자 '시오A지 프라이 しおA字フライ'는 홋카이도를 방문한 현지인의 기념품으로도 인기 있다.

/ 쿠시로잔기 / くしろザンギ

오니기리
おにぎり

한국에서도 흔히 볼 수 있는 삼각김밥을 말한다. 홋카이도 한정 맛은 버터간장쇼유 バター醬油, 징기스칸 ジンギスカン, 쿠시로잔기 くしろザンギ, 감자콘버터 じゃがバターコーン 등이 있다.

Must Buy List
세이코마트

홋카이도에서 탄생한 로컬 편의점으로 도내에 천 개가 넘는 지점을 운영하고 있는 현존하는 일본 최초의 편의점 '세이코마트 セイコマート'. 여타 편의점보다 저렴한 가격, 홋카이도에서만 맛볼 수 있는 한정 먹거리, 어디서든 찾기 쉬운 접근성 등 무수한 매력을 지니고 있다.

추천! 세이코마트의 다채로운 먹거리

돼지고기덮밥
豚丼

후라이드 치킨
フライドチキン

돈카츠덮밥
カツ丼

핫셰프
ホットシェフ

세이코마트 오리지널 도시락과 간식 브랜드. 홋카이도의 풍부한 자연 환경에서 탄생한 자원을 활용해 홋카이도만의 상품을 개발하고 있다. 그중 핫셰프는 현지인의 허기진 배를 채워주는 요리사 역할을 톡톡히 해내고 있는데, 단순 조리가 아닌 재료를 손보고 밥을 짓고 간을 하여 용기에 담아내기까지 모든 과정을 점포 내부에서 직접 진행한다는 점이 강점이다. 돈카츠덮밥 カツ丼, 돼지고기덮밥 豚丼, 징기스칸 도시락 ジンギスカン弁当, 후라이드 치킨 フライドチキン, 후라이드 포테이토 フライドポテト가 대표 메뉴로 꼽힌다.

세코마 오리지널 주류

홋카이도 멜론사워
北海道メロンサワー

과즙100% 감귤사워
果汁100% みかんサワー

민트 모히토
和ミントモヒート

본래 주류 전문매장으로 시작한 세이코마트는 이러한 역사적 배경을 살려 사워 サワー, 와인 ワイン, 니혼슈 日本酒, 쇼츄 焼酎 등 다양한 종류의 주류를 판매하고 있다. 특히 바쁜 여정의 하루를 마무리할 술 한 잔에 탁월한 사워, 하이볼, 모히토, 칵테일 등이 풍성해 고르는 재미가 있다. 멜론, 토마토, 과라나 등 홋카이도의 대표 식재료를 녹여내었거나 홋카이도 특산품 중 하나인 위스키를 사용하는 등 지역 특징을 살린 맛이 많다.

홋카이도 멜론 다이후쿠
北海道メロン大福

통팥앙금 도라야키
どら焼

커피젤리
名水コーヒーゼリー

전문점 뺨치는 디저트

후식으로 제격인 디저트 메뉴도 충실하다. 세이코 마트 대표 상품이기도 한 소프트 아이스크림 '홋카이도 멜론 아이스크림 北海道メロンアイスクリーム'을 비롯해 멜론맛 앙금과 크림이 듬뿍 들어 있는 모찌떡 '홋카이도 멜론 다이후쿠 北海道メロン大福', 홋카이도산 팥과 밀가루로 만든 '통팥앙금 도라야키 どら焼', 홋카이도의 맛나고 깨끗한 물로 내린 '커피젤리 名水コーヒーゼリー', 점포에서 직접 삶아 판매하는 옥수수 등 먹음직스러운 음식들로 가득하다.

기념품으로 좋은 상품

여행이 끝난 후 귀국길에 집에 가지고 돌아가면 좋은 즉석식품과 과자도 많은 편이라 기념품으로도 좋다. 고추냉이의 톡 쏘는 향이 입안에 내내 퍼지는 '야마와사비 야키소바 山わさび焼きそば', 칠리 토마토맛 수프에 홋카이도산 양파 엑기스를 듬뿍 넣은 '칠리 토마토맛 누들 チリトマト味ヌードル', 연어와 옥수수의 조합 '샤케토바콘칩스 鮭とばコーンチップス' 홋카이도산 크림으로 만든 '밀크 캔디 ミルクキャンディ' 등이 있다.

밀크 캔디
ミルクキャンディ

샤케토바콘칩스
鮭とばコーンチップス

야마와사비 야키소바
山わさび焼きそば

칠리 토마토맛
누들
チリトマト味
ヌードル

Must Buy List
드러그스토어

단순히 의약품 판매를 넘어서 화장품, 욕실용품, 과자, 음료수 등 다양한 라인업을 자랑하는 드러그스토어. 홋카이도에 있는 프랜차이즈로는 츠루하드러그 ツルハドラッグ, 삿포로드러그스토어 サッポロドラッグストアー, 선드러그 サンドラッグ 등이 있다. 이들 점포는 대부분 세금을 제외하고 ¥5,000 이상 구입 시 면세 수속이 가능하며 늦은 시간대인 22:00 이후까지 영업하는 점이 특징이다.

드러그스토어 추천 아이템

로이히 동전파스
ロイヒ つぼ膏
츠보코

어깨결림과 요통에 좋은 직경 2.8cm의 동전 모양 파스. 일반 사이즈, 큰 사이즈, 시원한 쿨타입 등 3종류가 있다.

유니참 코튼화장솜
unicharm シルコット
시루콧토

토너를 다른 화장솜 제품보다 1/2만 적셨음에도 마치 듬뿍 사용한 것처럼 촉촉해지는 화장솜으로 큰 인기를 얻고 있다.

시세이도제약 꽃가루화분 방지스프레이
イハダ アレルスクリーン
알레르스크린

꽃가루 화분을 방지해주는 스프레이. 얼굴 전체를 도포하는 스프레이 타입과 입과 코 주변을 도포하는 젤 타입 두 가지가 있다.

시세이도 퍼펙트휩
資生堂 パーフェクトホイップ
파펙토호이뿌

마치 휘핑크림처럼 탄력 있는 거품을 낼 수 있는 클렌징품. 보습 성분이 배합된 상품으로 여성에게 인기가 높다.

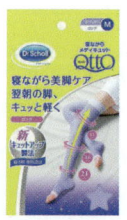

닥터숄 압박스타킹
Dr.Scholl メディキュット
메디큐토

부종 완화에 미각효과까지 기대할 수 있는 압박스타킹. 근무 중이나 취침 중 언제든지 사용할 수 있도록 다양한 제품을 선보이고 있다.

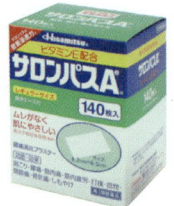

히사미츠제약 사론파스Ae
久光製薬 サロンパスAe
사론파스

혈액순환을 촉진하는 비타민E와 염증을 진정시키는 실리실산메틸 성분을 배합한 파스. 근육통, 타박상, 관절염 등에 효과가 있다.

코바야시제약 아이봉
小林製薬 アイボン
아이봉

가볍게 안구 세척을 할 수 있는 눈약. 눈병 예방, 미세먼지, 꽃가루, 황사 등 눈 건강에 탁월하다.

시세이도제약 습진연고
資生堂製薬 IHADA
이하다

스테로이드 성분이 미함유된 얼굴 전용 습진연고. 에센스와 크림 타입 두 종류다.

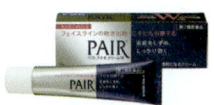

라이온 페어아크네크림
LION ペアアクネクリームW
페어아크네

성인 여드름 전문 크림. 염증을 가라앉히고 아크네균을 살균하여 집중적으로 치료한다.

오타이산 위장약
太田胃散
오오타이산

뛰어난 효능으로 입소문이 자자한 위장약. 1일 3회 식간 또는 식후 한 스푼 복용.

코와 캬베진 위장약
Kowa キャベジンコーワ
캬베진 코오와

속이 메스껍거나 거북할 때 먹는 위장약. 1회 2정, 1회 6정까지 복용.

라이온 지사제
LION ストッパ
스톱파

설사를 멈추게 하는 지사제. 물 없이 사탕 먹듯 1정을 먹으면 된다. 1일 3회, 4시간 간격으로 복용.

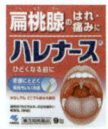

코바야시제약 편도선염약
小林製薬 ハレナース
하레나이스

편도선이 부었을 때 병원 방문 전 임시방편으로 복용하면 좋은 약. 1일 3회 복용.

코바야시제약 수분마스크
小林製薬 のどぬ~るぬれマスク
노도누~루누레마스크

마스크 속에 스팀 효과가 있는 필터를 장착해 약 10시간 동안 수분을 유지해준다.

코바야시제약 액체 반창고
小林製薬 サカムケア
사카무케아

다친 부위에 발라주면 굳어져 투명밴드 역할을 하는 액체 반창고.

코바야시제약 겨드랑이 땀패드
小林製薬 Riff あせワキパット
리이프아세와키팟도

겨드랑이 땀을 흡수하여 얼룩을 방지해주는 패드. 옷에 부착하여 보송보송함을 유지시켜준다.

코바야시제약 해열시트
小林製薬 熱さまシート
네츠사마시토

열이 날 때 이마에 붙이는 해열시트로 연령별, 성별 등 다양한 종류로 구성되어 있다.

타이쇼제약 구내염패치
大正製薬 口内炎パッチ大正A
코오나이엔팟치

구내염과 설염 전문 치료 패치. 염증 부위에 직접 붙여서 사용한다. 1일 1~4회 부착 가능.

Must Buy List
삿포로의 맛있는 명과

일본에서 유제품 생산량 1위를 차지하는 지역인 만큼 홋카이도의 우유, 버터, 치즈를 사용한 다채로운 디저트가 발달했다. 감자, 멜론 등 특산품을 활용한 먹거리는 물론 기념품으로 구매하기 좋은 추천 토산품 14가지를 소개한다.

롯카테이 마루세이버터샌드
六花亭 マルセイバターサンド

바삭한 쿠키 사이에 화이트 초콜릿, 건포도, 버터를 섞은 크림을 끼운 과자.

시로이코이비토
白い恋人

우리에게 친숙한 과자인 쿠크다스의 고급 버전이라 생각하면 이해가 빠르다.

로이즈 생초콜릿
ロイズ 生チョコレート

적당한 달달함으로 어른의 입맛을 사로잡은 로이즈 간판 상품.

키타카로 홋카이도개척오카키
北菓楼 北海道開拓おかき

홋카이도 각지의 특산품을 재료로 만든 일본 전통 쌀과자.

르타오 두블루프로마주
ルタオ ドゥーブルフロマージュ

상단은 레어치즈, 하단은 베이크드치즈로 이루어진 궁극의 치즈 케이크.

하나바타케보쿠조 생캐러멜
花畑牧場 生きゃらめる

재료에 공을 들여 만든 수제 캐러멜로 입안에서 사르르 녹는다.

호리 유바리멜론 퓨어젤리
ホリ 夕張メロンピュアゼリー

멜론의 과육이 듬뿍 담긴 젤리.

포테이토팜 자가포크루
ポテトファーム じゃがポックル

바삭바삭한 포테이토 스틱 과자.

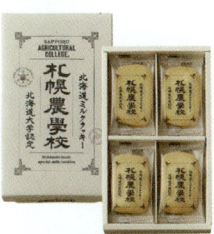

류게츠 산포로쿠
柳月 三方六

초콜릿이 코팅된 말차 바움쿠헨.

캐러멜시리즈
ご当地キャラメルシリーズ

버터, 연유, 히비스커스, 멜론, 하스카프 등 홋카이도스러운 맛을 선보이는 캐러멜.

홋카이도 밀크 쿠키 삿포로 농학교
北海道ミルククッキー 札幌農学校

홋카이도산 우유, 밀가루, 버터를 배합해 풍부하면서 부드러운 밀크 맛을 내는 쿠키.

키노토야 치즈타르트
きのとや 焼きたてチーズタルト

두 번 구워 더욱 바삭한 타르트 식감과 폭신한 치즈 무스가 어우러지는 치즈 타르트.

홋카이도 우유 카스텔라 진한 치즈케이크
北海道牛乳カステラ 濃厚チーズケーキ

생김새는 버터이나 실체는 3시간 저온으로 숙성한 진한 크림치즈 맛 케이크다.

모리모토 하스카프주얼리
もりもと ハスカップジュエリー

하스카프 열매로 만든 잼과 버터크림, 초콜릿을 듬뿍 넣은 쿠키로 40년이 넘는 역사를 자랑한다.

INFORMATION
일본 국가 정보

- **국가명** 일본 日本
- **수도** 도쿄 東京
- **인구** 1억 2433만 명(세계 12위). 홋카이도의 인구수는 약 5,044,825명
- **지리** 홋카이도 北海道, 혼슈 本州, 시코쿠 四国, 큐슈 九州 등 4개의 큰 섬으로 이루어진 일본 열도 日本列島와 이즈·오가사와라 제도 伊豆·小笠原諸島, 치시마 열도 千島列島, 류큐 열도 琉球列島로 구성된 섬나라다.

- **면적** 377,915㎢, 그중 홋카이도의 면적은 83,454㎢
- **언어** 일본어
- **시차** 한국과 시차는 없다.
- **통화** ¥(엔)/¥100=약 940원(2025년 8월 기준)
- **전압** 100v (멀티 어댑터 필요)
- **국가번호** 81
- **비자** 여권 유효 기간이 체류 예정 기간보다 더 남아 있다면 입국은 문제 없으며, 최대 90일까지 무비자로 체류 가능하다.

기후

홋카이도는 도남 東南 지방의 일부를 제외하곤 모든 지역이 겨울은 춥고 길며 여름은 짧은 아한대 기후에 속한다. 여름과 겨울 간 기온 차가 크고 사계절이 뚜렷하여 각 계절마다 보여주는 풍경이 제각각인데다 누릴 수 있는 즐거움도 달라지는 점이 가장 큰 특징이다. 하지만 봄, 여름, 가을은 시기가 매우 짧은 편이며, 기본적으로 겨울 날씨가 반년 이상 지속된다. 한여름에는 30℃를 넘어서는 일이 드물지만 이따금 이상 기온으로 무더위를 느낄 때도 있으며, 겨울은 전 지역에 눈이 내리고 맹추위가 이어진다.

공휴일

국민 모두가 축복하는 기념일이라 하여 공휴일을 '슈쿠지츠 祝日'라 부르는 일본. 연휴가 집중되는 4월 하순과 5월 상순의 골든 위크 ゴールデンウィーク(Golden Week), 9월 중하순의 실버 위크 シルバーウィーク(Silver Week) 그리고 직장인의 휴가철이자 일본의 추석 개념인 8월 중순의 오봉 お盆(일본의 명절)이 대표적인 휴일이자 여행 성수기다.

1월 1일 설날
1월 둘째 주 월요일 성인의 날
2월 11일 건국기념일
2월 23일 일왕탄생일
3월 20일 또는
3월 21일 춘분(春分)의 날
4월 29일 쇼와의 날
5월 3일 헌법기념일
5월 4일 녹색의 날
5월 5일 어린이날
7월 셋째 주 월요일 바다의 날
8월 11일 산의 날
9월 셋째 주 월요일 경로의 날
9월 22일 또는
9월 23일 추분(秋分)의 날
10월 둘째 주 월요일 체육의 날
11월 3일 문화의 날
11월 23일 노동 감사의 날

※ 공휴일과 주말이 겹치는 경우 대체 휴일이 적용되어 다음 날이 휴일이 된다.

환전 및 카드 사용

일본의 화폐 단위는 엔(¥, Yen)이 사용된다. 화폐 종류로는 1,000·2,000·5,000·10,000엔 4가지 지폐와 1·5·10·50·100·500엔 6가지 동전으로 구성되어 있다.

01 | 환전

일본 현지에서의 카드와 간편 결제 사용이 늘어남에 따라 한국에서 무리하게 환전해가는 방식이 이제는 옛말이 되었다. 더불어 트래블로그, 트래블월렛과 같은 선불식 충전카드가 인기를 끌면서 여행지에서 필요한 금액만큼만 사전에 충전하여 사용하는 이들도 늘어났다. 선불식 충전카드가 편리한 건 환전 수수료가 없고 충전 시 매매기준율로 환전되어 꽤나 큰 비용을 아낄 수 있기 때문이다. 또한 큰 금액의 현금을 직접 소유할 필요가 없어 여행자의 부담도 줄어든다. 그러므로 여행지에서 사용 예정인 금액은 대부분 선불식 충전카드에 넣어 두거나 충전할 수 있도록 따로 빼두자. 당장 필요할 때 사용할 수 있는 비상금 정도의 소액만 은행 애플리케이션을 통해 환전 신청 후 가까운 은행 영업점이나 인천공항 내 은행 환전소에서 수령하면 좋다. 현지에서 현금이 필요하다면 트래블로그와 트래블월렛을 통해 ATM 출금을 하면 된다.

환전 기계

02 | 신용카드

개인이 운영하는 작은 상점 이외에 대부분의 쇼핑 명소에서는 신용카드 사용이 가능하지만 음식점의 경우 아직은 카드사용이 제한된 곳도 있다. 신용카드 브랜드 가운데 비자 VISA, 마스터 카드 Master Card, 아메리칸 익스프레스 American Express, JCB, 은련카드 Union Pay를 사용할 수 있다. 단, 해외에서 사용 가능한 카드인지 반드시 확인해 두어야 한다. 카드 사용 시 주의할 점으로 카드 뒤에 서명이 반드시 있어야 하고, 실제 전표에 사인을 할 때도 그 서명을 사용해야 한다. 한국에서 하는 것처럼 하트를 그리거나 서명과 다르게 사인한다면 결제를 거부당할 수도 있다. 신용카드의 현금 서비스와 체크카드의 현금 인출은 일본 우체국 유초은행 ゆうちょ銀行과 세븐일레븐 편의점 내 세븐은행 セブン銀行의 ATM 등에서 이용 가능하다(트래블로그 카드인 경우 세븐은행 セブン銀行 ATM, 트래블월렛은 이온 イオン ATM에서 인출할 경우 수수료 무료).

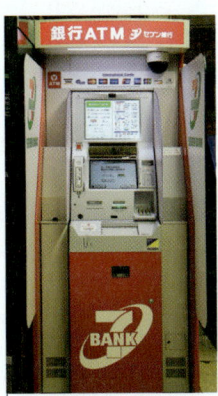

세븐은행 ATM

03 | 선불식 충전카드

'트래블로그 체크카드(마스터카드)'와 '트래블월렛 트래블페이(비자카드)'가 대표적이다. 카드를 발급받고 전용 애플리케이션에 엔화를 충전하면 일본 현지에서 체크카드 개념으로 사용할 수 있으며, ATM을 통해 현금 인출도 가능하다. 또한 카드를 긁거나 꽂지 않고 기계에 갖다 대기만 해도 결제가 이루어지는 '콘택트리스 결제' 시스템이라 편리하게 이용할 수 있다. 트래블로그는 세븐일레븐(セブンイレブン) 편의점 내에 비치된 세븐은행 ATM, 트래블월렛은 이온(AEON) ATM, 또는 미니스톱(ミニストップ) 편의점 ATM에서 인출 시 수수료가 무료다.

홈페이지 [트래블로그] m.global.hanacard.co.kr/travlog/travlog.html [트래블월렛] www.travel-wallet.com

일본 현지에서 이용 가능한 네이버페이와 카카오페이

앞서 언급한 바와 같이 일본에서도 간편 결제 서비스가 점차 확대되고 있는 실정이다. 일본의 주요 간편 결제 서비스로는 페이페이(PayPay), 라인페이(LINE Pay), 라쿠텐페이(R Pay), 알리페이(ALI PAY) 등이 있다. 이 중 한국에서 많이 사용하는 네이버페이와 카카오페이는 일본 간편 결제 시스템과 연계하여 일본 현지에서도 이용할 수 있게 되었는데, 네이버페이는 유니온페이와 알리페이, GNL, 카카오페이는 알리페이와 연계하여 일본에서 이용 가능하다. 이용 시 환율은 당일 최초 고시 매매기준율이 적용되며, 별도 수수료는 없다. 네이버페이와 카카오페이 모두 각 포인트와 머니로만 결제되므로 잔액 확인 후 사용하도록 한다(선물받은 포인트와 머니는 사용 불가). 이용 시 아래 절차를 참고하자.

네이버페이, 카카오페이 이용 방법

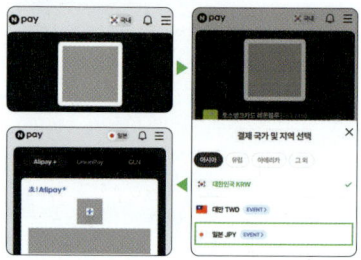

N pay 결제방법

❶ 네이버페이 애플리케이션에서 '국내' 클릭
❷ 결제 국가 및 지역 선택에서 '일본 JPY'를 클릭
❸ '알리페이 플러스' 또는 '유니온 페이'를 선택해 바코드로 결제 진행

유니온 페이

pay 결제방법

❶ 카카오톡 내 카카오페이 창을 열어 '결제' 클릭
❷ 화면 상단 오른쪽 첫 번째 지구본 아이콘 클릭
❸ 국가/지역 선택에서 '일본' 클릭
❹ 알리페이로 전환된 바코드로 결제 진행

알리 페이

> **Tip 주요 사용처**
> · 카카오페이 : 이온몰, 빅카메라, 다이마루 백화점, 돈키호테, 에디온, 로손 편의점, 패밀리마트 편의점, 츠루하 드러그스토어, 신치토세 공항, 사츠도라 드러그스토어, 세븐일레븐 편의점 등
> · 네이버페이 : 빅카메라, 야마다전기, 코코카라파인 드러그스토어, 웰시아 드러그스토어, 마츠야 규동전문점, 신치토세 공항, 로프트, 토이자러스, 로손 편의점, 패밀리마트 편의점, 세븐일레븐 편의점, ABC마트 등

일부 편의점과 슈퍼마켓의 계산 방식 변화

트렌드 키워드에서 여전히 주목받고 있는 '비대면'은 일본의 일상생활에서도 큰 변화를 불러일으키고 있다. 처음부터 끝까지 모두 터치스크린 키오스크를 통한 셀프 계산대 방식을 적용하기보단 일부만을 차용해 일본만의 독특한 비대면 거래 방식을 도입한 곳이 늘어났는데, 대표적으로 세븐일레븐과 같은 편의점이나 라이프 등의 슈퍼마켓 등이 있다. 물건 구매 시 계산대에서 점원이 직접 바코드로 물건을 찍는 흐름까지는 종래 방식과 동일하나 다음 절차인 결제부터는 터치스크린 키오스크를 통해 구매자가 직접 진행해야 하는 점이 상이하다. 구매자는 최종 결제 금액을 보고 결제수단을 고른 후 지불 방식에 따라 절차를 진행해야 한다. 현금으로 지불할 경우 키오스크 하단에 장착된 기계에 직접 돈을 넣어야 하며, 신용카드나 선불식 충전카드를 선택한 경우 기계 우측에 있는 결제 시스템을 통해 결제를 처리해야 한다. 결제에 어려움을 느낀다면 점원에게 도움을 요청하자.

화면에서 결제 방법을 선택
- 바코드 결제
- 나나코(세븐일레븐카드)
- 현금
- 기타(간편 결제)
- 신용카드
- 교통카드
 (스이카, 파스모, 이코카 등)

신용카드나 선불식 충전카드는 기기 우측을 통해 결제

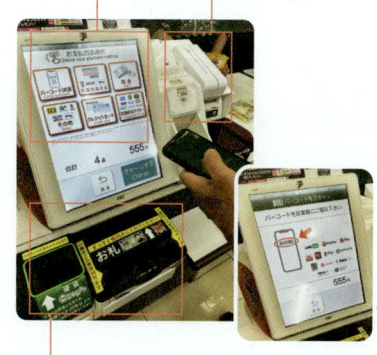

현금 결제는 기기 하단 이용
동전은 좌측에, 지폐는 우측에 삽입

기타(간편 결제 서비스인 페이 애플리케이션)를 선택한 경우
점원에게 바코드나 QR코드를 제시하여 결제 완료

쇼핑할 때 주의할 점

대부분의 쇼핑 명소는 외국인 관광객을 위한 편의 서비스가 잘 정비되어 있는 편이다. 특히 한국인의 입소문으로 인해 필수 코스가 된 곳은 한국어가 가능한 직원 배치나 한국어 브로슈어 구비 등 한국인에 특화된 서비스를 실시하고 있다. 무엇이든 저렴하게 원하는 것을 구하면 좋겠지만 어느 정도의 발품이 필요하므로 적정선에서 구입하면 된다. 생활용품 전문점이나 편의점에서 사지도 않은 제품이 영수증에 포함되어 있거나 구입한 수량보다 훨씬 많은 수량으로 계산되었다는 후기가 심심찮게 들려오고 있는 요즘, 무엇보다도 영수증을 꼼꼼하게 확인하는 것이 중요하다. 또한 면세 절차 후 이루어지는 밀봉 과정에서 구입한 제품이 누락되는 경우도 있다고 하니 잘 지켜보자.

ACCESS
삿포로 입국하기

한국에서 삿포로 札幌로 가는 직항편은 모두 신치토세 新千歲 공항으로 다다른다. 삿포로와 주요 도시 간 교통이 매우 잘 연결 되어 있어 동선을 짜는데 큰 어려움은 없다. 신치토세 공항에서 삿포로 시내까지는 쾌속열차 또는 연락버스를 이용해 이동할 수 있다.

01 | 입국 절차

검역

입국 심사

수하물 찾기

세관 검사

입국 게이트 도착

02 | Visit Japan Web(VJW)

2023년 4월 29일부터 입국 심사, 세관 신고의 정보를 온라인을 통해 미리 등록하여 각 수속을 QR코드로 대체하는 'Visit Japan Web' 서비스를 실시하고 있다. 입국 전 웹사이트에서 계정을 만들고 정보를 등록하면 된다. Visit Japan Web 서비스를 등록하지 않았다면 기내에서 배포하는 출입국 카드를 작성하면 된다. 영어 또는 일본어로 모든 칸을 빠짐없이 기재하자.

홈페이지 www.vjw.digital.go.jp (한국어 지원)

03 | 수하물 찾기

입국심사장에서 빠져나오면 바로 앞에 수하물 수취소가 위치한다. 표지판에 항공사, 편명, 벨트번호를 확인 후 해당 벨트로 이동해 맡긴 짐을 찾도록 한다.

04 | 세관 검사

입국 카드와 함께 반드시 작성해야 할 서류 또 하나는 '휴대품·별송품 신고서 携帶品·別送品 申告書'. 질문 내용에 빠짐없이 기재하면 된다. 일본의 면세 범위는 P.414를 참조하자. 입국의 마지막 절차인 세관에서 직원에게 여권과 신고서를 함께 제출하면 된다.

TRANSPORTATION IN SAPPORO
삿포로 시내교통

삿포로로 이동하기

| 한국 | 방법 ❶ 비행기 2시간 40분(인천 출발)
방법 ❷ 비행기 2시간 20분(김해 출발)
방법 ❸ 비행기 2시간 30분(청주 출발) | 삿포로 |

비행기

우리나라에서 삿포로 신치토세 新千歲 공항으로 가는 비행기는 인천, 김해, 청주에서 출발한다. 인천공항은 아시아나항공, 티웨이항공, 진에어, 이스타항공, 에어부산 등에서 직항편으로 정기노선을 운항 중이며, 김해공항은 대한항공, 아시아나항공, 진에어, 에어부산, 제주항공에서, 청주공항은 에어로케이항공에서 직항편을 운항한다.

신치토세 공항 비행기

신치토세 공항에서 삿포로 시내로 이동하는 방법

신치토세 공항에서 삿포로 시내로 이동하기 위해선 두 가지 방법이 있다. 하나는 JR에서 운행하는 쾌속열차를 이용하는 것이고 다른 하나는 홋카이도추오버스 北海道中央バス와 호쿠토교통 北都交通 두 회사에서 운행하는 연락버스를 이용하는 것이다. 대부분 가장 빠른 시간 내에 삿포로 시내에 도달하는 쾌속열차를 이용하지만, 짐이 많고 숙소 부근에 버스정류장이 있다면 연락버스를 이용하는 것이 더 편리하다.

삿포로 신치토세 공항

● **JR에어포트 JRエアポート**
시내 중심지인 JR 삿포로 札幌역까지 특별 쾌속 33분, 쾌속 37분이 소요된다. 공항 밖으로 나갈 필요 없이 국내선 터미널 지하 1층에 자리한 신치토세쿠코 新千歲空港역에서 승차하면 된다(도보 10분 소요). 열차는 약 3~15분 간격으로 운행한다.
요금 편도 ¥1,230

● **공항연락버스 空港連絡バス**
JR 삿포로역과 삿포로 시내 주요 지하철역과 호텔에 정차하는 버스. 국제선 터미널 1층 로비에 위치한 교통안내 카운터와 국내선 터미널 도착 로비 버스 카운터에서 티켓을 구입하고 승차하면 된다. 1시간 10분~1시간 20분 소요된다. 요금 편도 ¥1,300

열차

JR 삿포로역은 하루 9만 명이 이용하는 홋카이도 교통의 거점이다. 홋카이도 여행의 첫 시작점을 삿포로로 잡고 다른 도시로 이동하는 동선이 가장 일반적이다. 홋카이도 내 주요 도시를 여행한 후 삿포로로 돌아올 때는 특급열차를 이용하면 1시간 25분~4시간 15분 이내로 이동할 수 있다.

삿포로역 열차

각 도시에서 삿포로로 이동하기

도시	열차명	소요 시간
오타루 小樽 ▶ 삿포로	에어포트·하코다테본선 エアポート·函館本線	에어포트 32분, 하코다테본선 45~51분
아사히카와 旭川 ▶ 삿포로	특급카무이 特急カムイ	1시간 25분
하코다테 函館 ▶ 삿포로	슈퍼호쿠토·호쿠토 スーパー北斗·北斗	3시간 25분 ~ 3시간 55분
쿠시로 釧路 ▶ 삿포로	슈퍼오오조라 スーパーおおぞら	4시간~4시간 25분

버스

삿포로는 홋카이도에서 가장 큰 도시인 만큼 삿포로와 주요 도시를 잇는 버스 노선이 발달해 있다. 열차보다는 다소 시간이 걸리지만 저렴한 가격과 별도의 환승 없이 직통으로 이동할 수 있다는 편리함이 장점이다. 삿포로역 앞 버스 터미널 또는 삿포로TV탑 건너편에 자리한 추오버스 삿포로 터미널에 하차한다.

삿포로역 앞 버스 터미널

각 도시에서 삿포로로 이동하기

도시	버스명	소요 시간
후라노 富良野 ▶ 삿포로	고속후라노호 高速ふらの号	2시간 28분
오비히로 帯広 ▶ 삿포로	포테이토라이너 ポテトライナー	3시간 55분
아바시리 網走 ▶ 삿포로	드리민트오호츠크호 ドリーミントオホーツク号	6시간 20분
왓카나이 稚内 ▶ 삿포로	특급 왓카나이호 特急わっかない号	5시간 50분

삿포로 시내 교통수단

시영지하철 市営地下鉄

삿포로 시내 중심가인 오오도오리를 기점으로 주요 관광지를 연결하는 시영 지하철을 이용하는 것이 가장 편리하다. 시내를 남북으로 오가는 난보쿠선 南北線(초록색)과 토호선 東豊線(파란색), 동서로 오가는 토자이선 東西線(주황색) 등 세 노선이 운행 중이다. 구간별로 요금이 다르게 책정된다.

요금 중학생 이상 ¥210~380, 초등학생 ¥110~190, 미취학 아동 무료

노면전차 市電

스스키노를 시작으로 나카지마 공원 中島公園, 루프웨이 입구 등을 순환하는 노면전차. 시계 방향으로 도는 소토마와리 外回り와 반시계 방향으로 도는 우치마와리 内回り 두 방면이 있다. 지하철의 환승 지정역(오오도오리 大通, 스스키노 すすきの, 나카지마코엔 中島公園, 호로히라바시 幌平橋 등)에서 노면전차 지정역(타누키코지 狸小路, 스스키노 すすきの, 야마하나쿠조 山鼻9条, 세이슈가쿠엔마에 静修学園前)으로 환승할 경우 ¥80 할인된 요금으로 이용 가능하다.

요금 편도 중학생 이상 ¥230, 초등학생 ¥120, 미취학 아동 무료

버스 バス

삿포로의 주요 관광지는 대부분 지하철과 노면전차로 연결되어 있어 버스를 이용할 일은 사실 많지 않다. 하지만 삿포로역을 출발해 오오도오리 공원을 거쳐 삿포로맥주 박물관까지 단 20분 만에 도달하는 '삿포로워크 さっぽろうぉ~く'는 이용할 만하다.

요금 [1회 승차권] 중학생 이상 ¥240~, 초등학생 ¥120, 마취학 아동 무료 [1일 승차권] 중학생 이상 ¥900, 초등학생 ¥450

택시 タクシー

삿포로 시내 어디서나 승차할 수 있고 목적지가 어디든 손쉽게 이동할 수 있지만, 값비싼 요금 때문에 섣불리 이용하기 어렵다. 짧은 구간을 이동할 때 한 번쯤 이용할 만하다.

요금 기본 요금 ¥670, 241m, 1분 30초마다 ¥80씩 가산, 22:00~05:00는 심야할증요금 추가

Tip 효율적으로 삿포로를 여행하는 법

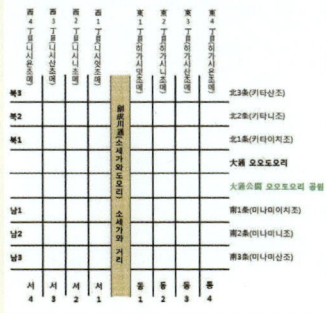

❶ 신호표지판으로 짐작하는 삿포로의 현재 위치! 바둑판처럼 가지런히 정렬된 도로는 삿포로의 큰 특징이다. 동서는 소세가와 創成川를, 남북은 오오도오리 大通를 구획의 기점으로 하는데, 숫자가 커질수록 기점에서 멀어짐을 의미한다.

❷ 삿포로에서 출발하여 당일치기로 타 지역을 둘러보는 정기 관광버스가 많다. 일본어로 진행되지만 편리하게 관광을 즐기고 싶다면 투어버스도 하나의 방법! 추천 버스 회사로는 추오버스 中央バス, 조테츠버스 じょうてつバス, 핫버스 ホットバス 등이 있다.

❸ 면세 쇼핑은 삿포로를 제외한 다른 홋카이도 지역에서는 하기 어려운 편이다. 되도록 백화점, 드러그스토어, 슈퍼마켓이 모여있는 삿포로 시내에서 하도록 하자.

추천! 삿포로 레일패스

삿포로를 포함한 홋카이도 전역을 다니는 열차를 저렴하고 편리하게 이용할 수 있는 레일패스가 있다. JR철도가 운행하는 홋카이도 노선(신칸센 新幹線 제외) 열차를 유효기간 내에 자유롭게 승하차할 수 있는 홋카이도 레일패스를 소개한다.

JR 홋카이도 여객철도 주식회사 www.jrhokkaido.co.jp/global/korean/ticket/railpass

레일패스 이용 방법

❶ 한국에서 (패스를 판매하는) 온라인 여행사 또는 여행 플랫폼을 통해 외국인 전용 레일패스 교환권을 구입한다.(일본 입국 후 일반 패스를 구입하려면 취급하는 JR 역 내에서 구입 가능하다. 레일패스를 판매하는 역은 JR 삿포로역·JR 신치토세 공항역 인포메이션 데스크, JR 하코다테역 트윙클플라자, JR 신하코다테호쿠토역·JR 노보리베츠역 JR 티켓 카운터(미도리노마도구치), JR 아사히카와역·JR 오비히로역·JR 쿠시로역 트윙클플라자, JR 아바시리역 등이 있다.)
❷ 홋카이도 현지 JR철도 주요 역 미도리노마도구치 みどりの窓口나 트윙클플라자 ツインクルプラザ에서 교환권과 여권을 함께 제시한다.
❸ 레일패스에 날인을 받아 사용을 개시한다.
❹ 지정석에 승차할 경우, 좌석을 예약한다.
❺ 개찰구를 통과할 때 역무원에게 레일패스를 제시한다.
❻ 열차에 탑승한다.

레일패스 종류 및 가격

신칸센을 제외한 홋카이도 내 JR전철 전 노선을 자유롭게 이용할 수 있는 레일 패스는 5일, 7일권 두 종류가 있다. 또한 삿포로와 노보리베츠 지역 노선을 4일간 이용 가능한 '삿포로 노보리베쓰 에어리어 패스', 신치토세 공항, 삿포로, 오타루, 후라노, 비에이, 아사히카와의 이동에 편리한 '삿포로 후라노 에어리어 패스'가 이번에 새롭게 추가되었다.

● 일반 패스 가격(일본 국외 발매 기준)

종류	연속 5일권		연속 7일권		연속 10일권	
	12세 이상	6-11세	12세 이상	6-11세	12세 이상	6-11세
한국 사전 구매	¥22,000	¥11,000	¥28,000	¥14,000	¥37,000	¥18,500
현지 역에서 구매	¥23,000	¥11,500	¥29,000	¥14,500	¥38,000	¥19,000

종류	노보리베츠 연속 4일권		삿포로 후라노 연속 4일권	
	12세 이상	6-11세	12세 이상	6-11세
한국 사전 구매	¥10,000	¥5,000	¥11,000	¥5,500
현지 역에서 구매	¥11,000	¥5,500	¥12,000	¥6,000

● 레일패스로 이용 가능한 범위

좌석 종류	사용 가능 여부	종류(보통열차)
보통열차	보통차 자유석	가능 (지정석은 예약 필요)
특급·쾌속열차	보통차 지정석 또는 자유석	
	1등차 그린석	별도 요금 부가
신칸센	전 좌석	불가
삿포로 시내 JR 전철 전 노선	전 좌석	가능
삿포로 시내 JR 홋카이도 버스 일부 노선		가능

※ 도난이사리비 철도선(고료카쿠 ↔ 키코나이), 삿포로 시영지하철, 노면전차 등은 레일패스 사용이 불가능하다.
※ 삿포로 내 JR전철, JR 홋카이도 버스의 경우 패스 사용이 불가한 노선이 있으니, 사용 전 홈페이지를 통해 확인이 필요하다.

패스 이용 시 주의점

❶ 이용 개시를 위한 날인을 반드시 받아야 한다.
❷ 신칸센을 제외한 보통, 쾌속, 특급열차의 자유석과 지정석을 자유롭게 탑승할 수 있다. 자유석은 별도의 절차가 필요 없지만 지정석은 반드시 예약해야 한다. 또한 1등석 그린차를 이용할 경우 별도의 요금이 부가된다.
❸ 삿포로 시내 JR전철 전 노선과 JR 홋카이도 버스 일부 노선을 자유롭게 이용할 수 있다. 단, 시영지하철과 노면전차는 해당되지 않는다.
❹ 사용하지 않은 교환권은 1년 이내에 구입한 것에 한해 구입처에서 환불 받을 수 있다(수수료 부가).
❺ 반드시 여권과 함께 소지해야 한다.

> **Tip** 레일패스 없이 여행하는 여행자들을 위한 팁
> 레일패스 없이 여행을 하는 여행자의 경우 여행 도중 열차를 이용해야 할 일이 생긴다면, 할인티켓을 이용해보자. 삿포로를 출발하여 하코다테, 노보리베츠, 토야, 오비히로, 쿠시로를 연결하는 열차를 ¥2,000 정도 할인된 가격에 판매한다.

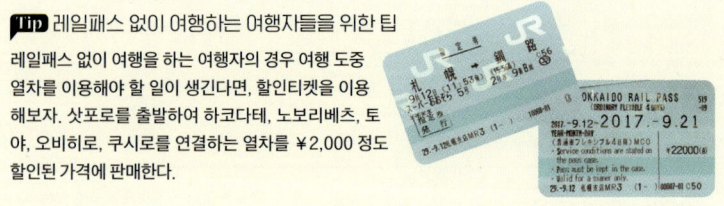

알고 가면 요긴한 삿포로 대중교통 티켓

1 시영지하철

하루에 지하철을 3~4번 이상 이용할 예정이라면, 삿포로 시내 시영지하철을 하루 동안 자유롭게 승·하차할 수 있는 지하철 전용 1일 승차권 地下鉄専用一日乗車券이 유용하다. 시영지하철 각 역에서 구입할 수 있으며, 요금은 성인 ¥830, 어린이 ¥420. 주말일 경우 더욱 저렴한 가격에 이용할 수 있는 도니치카티켓 ドニチカキップ을 구입하자. 토요일과 일요일, 공휴일 및 연말연시(12월 29일~1월 3일)에 이용 가능한 지하철 전용 1일 승차권으로, 요금은 성인 ¥520, 어린이 ¥260이다.

2 노면전차

노면전차를 하루 동안 자유롭게 승하차할 수 있는 1일 승차권(중학생 이상 ¥570, 초등학생 ¥290)과 24시간 무제한 이용 가능한 '24시간 승차권'(중학생 이상 ¥840, 초등학생 ¥420)을 발행하고 있다. 이와 별도로 토·일·공휴일 및 연말연시(12/29~1/3) 한정으로 이용할 수 있는 '도산코패스 どサンこパス'도 있다. 요금은 성인 1인과 어린이 2인 ¥460이다.

© City of Sapporo All rights Reserved.

3 교통카드

삿포로의 지하철과 버스 회사가 공동으로 발행하는 사피카 SAPICA와 JR에서 발행하는 키타카 Kitaca 두 종류가 있다. 사피카는 지하철, 노면전차, 버스 전 노선을 이용할 수 있으며, 이용 금액의 10%가 포인트로 쌓인다. 지하철역과 버스 영업소에서 구입할 수 있다.

키타카는 JR과 사피카의 전 노선은 물론 일본 전국의 JR 전 노선에서도 이용할 수 있다. JR 삿포로역 티켓 발매기와 판매 창구인 미도리노마도구치 みどりの窓口에서 구입할 수 있다. 가격은 두 교통카드 모두 보증금 ¥500과 이용 가능 금액 ¥1,500을 포함한 ¥2,000이다. 두 카드 외에도 사용 가능한 IC카드는 Suica, PASMO, ICOCA, 하야카켄 はやかけん, manaca, TOICA, PiTaPa, nimoca, SUGOCA이다.

사피카와 키타카 교통카드

> **Tip** 컨택리스 결제 기능
>
> 컨택리스 결제 기능이 탑재된 VISA, JCB, 아메리칸 익스프레스, 유니온페이 등의 신용카드 또는 체크카드 소지자는 주목하자. 신치토세 공항-삿포로 구간과 삿포로-아사히카와 구간 버스 승차 시 별도의 티켓 구매 없이 교통카드로 이용할 수 있다. 컨택리스 결제 기능의 탑재 여부는 카드 후면에 로고가 있는지 확인하면 된다.

지역 여행 정보

삿포로 한눈에 보기
삿포로의 볼거리
삿포로 미식탐방
삿포로의 숙소

LOCATION
삿포로 한눈에 보기

훗카이도 대학교 北海道大学

1876년에 설립된 삿포로의 역사와 학문 발전을 상징하는 일본의 대표적인 국립 대학. 자연을 느낄 수 있는 산책로가 잘 조성되어 있어 휴식처로도 인기가 높다.

훗카이도청 구 본청사
北海道庁旧本庁舎

일본 정부가 훗카이도 개척을 본격화하던 19세기 후반에 건립된 서양식 건축물. 붉은 벽돌 외관과 중앙 돔, 정원 연못이 조화를 이루며 사진 촬영지로도 인기가 높다.

오오도오리 공원 大通公園

삿포로 중심부를 가로지르는 약 1.5km 길이의 대형 공원. 삿포로 눈 축제, 라일락 축제, 비어가든, 어텀 페스트 등 각종 축제의 무대로 활용된다.

모이와산 전망대
札幌もいわ山頂展望台

삿포로 시내 남서쪽에 위치하는 해발 531m의 모이와산 정상에 자리한 산 전망대. 로프웨이와 미니 케이블카를 차례로 이용하여 오르는 여정 자체가 하나의 즐거운 관광 코스가 된다.

삿포로맥주 박물관
サッポロビール博物館

삿포로 TV탑
さっぽろテレビ塔

삿포로 맥주 박물관
サッポロビール博物館

일본에서 가장 역사가 오래된 맥주 박물관. 레트로한 붉은 벽돌 창고를 개조해 역사 전시, 시음 공간, 레스토랑 등을 갖추고 있다.

삿포로시 시계탑 札幌市時計台

1878년 도심 한복판에 위치한 건립된 이 작은 시계탑은 현재까지도 정시마다 종소리를 울리며 시민의 일상과 함께한다.

삿포로 TV탑 さっぽろテレビ塔

1957년에 세워진 이래 삿포로의 상징으로 자리잡은 전망 타워. 삿포로 시내와 오도리 공원을 한눈에 조망할 수 있다.

스스키노 すすきの

홋카이도 최대의 환락가이자 삿포로 여행에서 가장 생생한 도심 체험이 가능한 지역. 다양한 먹거리는 물론, 로컬 잡화점부터 대형 상업시설까지 쇼핑 명소도 풍부하다.

ATTRACTION
삿포로의 볼거리

삿포로역 札幌駅

삿포로 여행이 시작되는 첫 관문. 홋카이도 각지를 오가는 JR의 철도역이면서 600여 점포가 들어선 대형 종합시설이기도 하다. JR 삿포로역을 기준으로 동쪽과 서쪽 개찰구를 나오면 북쪽 출구 가까이에 자리한 쇼핑 구역 파세오 パセオ가, 반대로 남쪽 출구에는 JR타워 건물 내 상업 시설 스텔라플레이스 ステラプレイス와 지하 디저트 코너가 유명한 백화점 다이마루 삿포로점 大丸札幌店이 있다. JR 삿포로역과 시영지하철 삿포로역 さっぽろ駅으로 직접 연결되는 지하상가 아피아 アピア와 종합버스 터미널, 대형 전자양판점 빅카메라가 있는 에스타 エスタ까지 포함해 홋카이도 최대 규모를 자랑하며 백화점, 전망실, 서점, 패션브랜드 부티크, 가전양판점, 음식점, 영화관 등 거의 모든 시설이 갖추어져 있다고 해도 과언이 아닐 정도. 다른 지역이나 공항으로 이동하기 위해 역에 들른 사람들에겐 시간 보내기에 최적인 곳이다.

지도 P.144-B2, P.146~147 **발음** 삿포로에키 **주소** 札幌市北区北6条西4 **홈페이지** www.jr-tower.com **가는 방법** JR 삿포로 札幌역에서 바로 연결. **주차장** JR타워 JR타워 주차장 이용, 1시간 ￥600, 20분마다 ￥200 추가 **키워드** 삿포로역

> **Tip 지하도를 활용하자**
> 삿포로역 남쪽 출구 앞 광장을 지나 시영지하철 삿포로역 출구로 내려가면 오오도오리 大通와 스스키노 すすきの까지 이어지는 약 520m의 지하도가 나타난다. 지하 보행 공간을 뜻하는 치카호 チ・カ・ホ라 이름 붙여진 이 지하도는 눈, 비 등 짓궂은 날씨와 대량의 신호등을 피해 이동할 수 있어 편리하다. 지하도 바로 위 지상에 자리한 10개의 구역을 에키마에주가이쿠 駅前十街区로 명명하여 시민들의 쉼터와 이벤트를 개최하는 광장 역할도 하고 있다.

삿포로시 시계탑 札幌市時計台

하얗고 아기자기한 외관이 눈에 띄는 삿포로의 심벌. 홋카이도 대학교 北海道大學의 전신인 삿포로 농업학교 내에 위치해 무예를 연마하던 장소로 쓰이다가 학교가 이전하면서 처음에 있던 곳에서 남쪽으로 100m 내려온 지금의 자리로 옮겨졌다. 당시 시계 대신 종이 달려 있어 시보를 울리는 데 활용되었지만 정확하지 않다는 이유로 인해 시계로 교체되었다. 현존하는 일본에서 가장 오래된 시계탑이며, 국가에서 중요문화재로 지정하였다. 내부 1층은 역사를 담은 전시실, 2층은 옛날 연무장의 모습을 재현한 공연장으로 되어 있다.

지도 P.147-C4 **발음** 삿포로시토케다이 **주소** 札幌市中央区北1条西2 **전화** 011-231-0838 **홈페이지** sapporoshi-tokeidai.jp **요금** 성인 ¥200, 고등학생 이하 무료 **운영** 08:45~17:10(마지막 입장 17:00) **휴무** 1/1~3 **가는 방법** 시영지하철 토호 東豊선 오오도오리 大通역 시야쿠쇼 市役所 출구에서 도보 5분. **주차장** 없음 **키워드** 삿포로시계탑

Tip 시계탑 전체를 보고 싶다면

시계탑 바로 앞에서 보는 것도 좋지만 건너편 삿포로MN빌딩 2층 테라스에서 바라보면 전체적인 시계탑의 모습을 감상할 수 있다.

이 계단을 오르면 상단 사진의 시계탑 전망을 볼 수 있다.

+Plus 삿포로역 구석구석 둘러보기

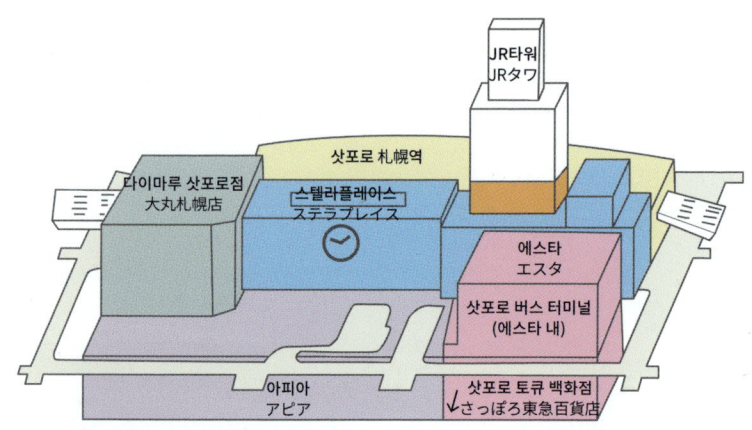

❶ 스텔라플레이스 ステラプレイス

패션 관련 전문점, 음식점, 서점, 영화관, 레코드숍 등이 들어선 복합상업시설. 지하 2층부터 지상 9층까지 총 11개 층, 센터와 이스트 두 구역으로 구성되어 큰 규모를 자랑한다. 패션 브랜드는 다른 쇼핑 명소보다 비교적 고가의 브랜드가 모여 있으며 남성복 전문 브랜드도 충실한 편이다. 세련되고 센스 있는 생활잡화도 많이 모여 있어 보는 눈이 즐겁다.

지도 P.147-C2 **발음** 스테라프레이스 **주소** 札幌市中央区北 5条西-2 **전화** 011-209-5100 **홈페이지** www.stellarplace.net **영업** 쇼핑 10:00~21:00, 음식점 11:00~23:00 **휴무** 부정기 **키워드** sapporo stellar place

❷ 에스타 エスタ

삿포로 버스 터미널이 위치한 상업시설. 관광객에게 인기가 높은 곳은 1~4층에 있는 가전양판점 빅카메라 ビックカメラ와 지하 2층 저가형 균일가숍 캔두 キャン・ドゥ, 8층 유니클로의 동생이라 불리는 SPA브랜드 GU, 독특한 생활잡화를 보는 것을 좋아한다면 6층 로프트 ロフト와 8층 빌리지뱅가드 ヴィレッジヴァンガード를 반드시 방문해볼 것.

지도 P.147-C2 **발음** 에스타 **주소** 札幌市北区北5条西2 **전화** 011-213-2111 **홈페이지** www.sapporo-esta.jp **영업** 쇼핑 10:00~21:00, 음식점 11:00~22:00 **휴무** 부정기 **키워드** sapporo esta

❸ 아피아 アピア

JR 삿포로역 북쪽 출구 광장 지하 1층에 있는 지하상가. 음식점과 카페 등 맛집이 모여 있는 아피아 웨스트 Apia West와 패션 브랜드와 생활잡화점이 중심인 아피아 센터 Apia Center 두 구역으로 나뉜다. 저가형 균일가 숍 쓰리코인즈 3COINS와 내추럴 키친& Natural Kitchen &, 수입식품점 칼디 KALDI, 캐릭터 키티 잡화 전문점 산리오기프트게이트 サンリオギフトゲート가 방문해볼 만하다.

지도 P.147-C2 ▶ 발음 아피아 주소 札幌市中央区北5条西3·4 전화 011-209-3500 홈페이지 www.apiadome.com 영업 쇼핑 10:00~21:00, 음식점 11:00~21:30 휴무 부정기 키워드 sapporo apia

❹ 아카렌가테라스 赤れんがテラス

'새로운 감성과 만나는 삿포로의 마당'이라는 콘셉트로 문을 연 곳. 홋카이도에 첫선을 보이는 유명 음식점과 잡화점 27개가 지하 1층부터 지상 4층에 걸쳐 자리하고 있다. 5층 테라스에서는 삿포로의 대표적인 관광 명소 홋카이도청 구본청사를 한눈에 조망할 수 있어 전망대로도 활용된다. JR 삿포로역보다는 시영지하철 삿포로 さっぽろ역 쪽에 가깝다.

지도 P.146-B3 ▶ 발음 아카렌가테라스 주소 札幌市中央区北2条西4-1 전화 011-252-0001 홈페이지 mitsui-shopping-park.com 영업 매장마다 상이 휴무 부정기 가는 방법 JR 삿포로 札幌역 남쪽 출구에서 도보 3분. 주차장 ￥2,000 이상 구매 시 2시간 무료 키워드 sapporo akarenga

❺ 삿포로 토큐 백화점 さっぽろ東急百貨店

도쿄에서만 네 개의 지점을 운영 중인 토큐 백화점의 삿포로 지점. 1층 화장품과 여성잡화, 2~4층 여성복, 5층 빅사이즈 여성복 코너 등 여성 패션에 중점을 두고 있다(남성복은 7층에 마련되어 있다).

지도 P.147-C2 ▶ 발음 삿포로토오큐우핫카텐 주소 札幌市中央区北4条西2 전화 011-212-2211 홈페이지 www.tokyu-dept.co.jp/sapporo 영업 쇼핑 10:00~20:00, 10층 음식점가 11:00~22:00 휴무 부정기 가는 방법 JR 삿포로 札幌역 남쪽 출구에서 도보 3분. 주차장 ￥2,000 이상 구매 시 2시간 무료, 이후 30분마다 ￥200 추가 키워드 sapporo tokyu dept

❻ 다이마루 삿포로점 大丸札幌店

일본의 유명 백화점 다이마루의 삿포로 지점. 일본 먹거리를 말할 때 빼놓을 수 없는 것이 바로 백화점 지하 1층 푸드코트인데, 다이마루 역시 라인업이 화려하다. 100여 업체가 참여하는 홋페타운 ほっぺタウン에는 르타오 LeTAO, 몽셰르 Mon cher, 가토 페스타 하라다 Gateau Festa Harada, 로이즈 Royce 등 한국인 여행자들에게 인기 높은 브랜드가 모두 있다는 것이 큰 장점이다.

지도 P.146-B2 ▶ 발음 다이마루삿포로텐 주소 札幌市中央区北5条西4-7 전화 011-828-1111 홈페이지 www.daimaru.co.jp/sapporo 영업 지하 1~8층 10:00~20:00, 지하 1층 THE ALLEY 10:00~21:00, 8층 음식점 11:00~22:00 휴무 부정기 키워드 daimaru sapporo

홋카이도청 구 본청사 北海道庁旧本庁舎

홋카이도 개척으로 도시 정비가 이루어졌던 메이지 明治시대에 세워진 상징적인 건물. 이 시대에 완성된 건축물들 가운데 보기 드문 미국식 네오바로크 양식을 기반으로 하고 있으며, 빨간 벽돌 외관과 고풍스러운 내부 인테리어가 인상적이다. 1888년부터 새로운 본청사가 완성될 때까지 약 80년간 홋카이도 행정의 중심지 역할을 해냈다. 내부는 실제 도지사와 장관들이 사용했던 집무실을 그대로 두어 둘러볼 수 있게끔 해놓았고, 홋카이도의 역사를 설명한 자료를 전시하고 있다. 2022년 11월 보수공사에 들어가 내·외부 관람이 어려웠는데 2025년 7월 25일 재개관했다.

지도 P.146-B3 **발음** 홋카이도쵸큐혼쵸샤 **주소** 札幌市中央区北3条西6 **전화** 011-204-5019 **홈페이지** www.pref.hokkaido.lg.jp/kn/ksb/akarenga.html **요금** 일반 ￥300, 고등·대학생 ￥200, 중학생 이하 무료, 팔각탑(八角塔) 관람 초등학생 이상 ￥1,200 **운영** 08:45~21:00(마지막 입장 20:30) **휴무** 12/29~1/3 **가는 방법** 시영지하철 토호 東豊선·난보쿠 南北선 삿포로 さっぽろ역 10번 출구에서 도보 7분. **주차장** 없음 **키워드** 홋카이도청

① 빨간 벽돌의 고풍스러운 홋카이도청 구 본청사 외관 ② 실제 사용했던 집무실을 그대로 보존해 두었다. ③ 홋카이도의 역사를 한눈에 볼 수 있는 전시실

❶ 삿포로 시민들의 쉼터와 놀이터로 활용되는 공원 ❷ 니시3·4·5초메 西3·4·5丁目에 자리한 물과 빛의 존 ❸ 세계적인 조각가 이사무노구치 イサム・ノグチ의 작품 '블랙슬라이드만트라 ブラック・スライド・マントラ'

오오도오리 공원 大通公園

삿포로 시내 중심부에 동서로 1.5km 길게 늘어선 공원. 1871년 홋카이도 개척으로 인한 구획 정리 당시 방화선으로 만들어진 공간을 일본 전국의 40여 개 공원을 정비한 조경사 나가오카 야스헤이 長岡安平의 진두지휘 아래 재정비되었고 지금의 공원으로 탈바꿈하였다.
삿포로 TV탑 さっぽろテレビ塔이 있는 니시잇초메 西1丁目부터 삿포로시 자료관 札幌市資料館이 있는 니시13초메 西13丁目까지 나무가 무성한 산책로가 이어지고 구역마다 싱크가든존, 역사·문화존, 놀이·이벤트존, 물과 빛의존, 국제교류존 등 테마를 만들어 다양한 즐거움을 느낄 수 있게끔 했다. 공원에는 92종류의 수목 4,700그루가 서로 마주 보고 서 있고 튤립, 장미, 라일락 등 형형색색의 꽃들이 잔디밭을 수놓고 있다. 나무 사이로 보이는 동상과 조각상을 감상하며 산책을 즐겨도 좋고 가만히 앉아서 평온한 휴식을 취해도 좋다. 여름에는 비어가든, 가을에는 어텀페스트 등 굵직한 이벤트를 개최하여 재미를 더한다.

지도 P.148~149 **발음** 오오도오리코오엔 **주소** 札幌市中央区大通西1~7 **전화** 011-251-0438 **홈페이지** odori-park.jp **가는 방법** 시영지하철 토호 東豊선 오오도오리 大通역 27번 출구에서 도보 1분. **주차장** 니시니초메 西二丁目 부근 삿포로 지하상가 주차장 이용 **키워드** 오도리 공원

▶Plus 오오도오리 공원 알차게 즐기기

1 삿포로시 자료관 札幌市資料館

1926년 삿포로 고등재판소로 지어진 건축물. 삿포로에서만 나는 귀한 연석을 사용해 지은 것이라 국가에서 지정한 등록유형문화재로 선정되었다. 1973년 재판소가 이전하면서 삿포로의 역사와 문화에 관한 내용을 전시하는 자료관으로 재탄생하였다. 재판소 당시의 모습을 복원한 형사법정전시실 刑事法廷展示室과 삿포로 출신의 만화가 오오바 히로시おおば比呂司의 작품을 전시하는 오오바 히로시 기념실 おおば比呂司記念室, 삿포로 국제예술제 관련 자료를 열람할 수 있는 SIAF라운지 SIAFラウンジ가 있다.

발음 삿포로시시료오칸 **주소** 札幌市中央区大通西13 **전화** 011-251-0731 **홈페이지** www.s-shiryokan.jp **운영** 09:00~19:00 **휴무** 월요일(공휴일인 경우 다음 날), 12/29~1/3 **요금** 무료 **가는 방법** 시영지하철 토자이 東西線 니시주잇초메 西11丁目역 1번 출구에서 도보 5분. **주차장** 없음 **키워드** 삿포로시 자료관

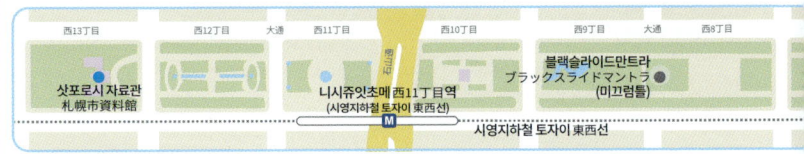

2 삿포로 파르코 札幌パルコ

오로지 패션에 집중한 패션빌딩의 대표 격인 파르코의 삿포로 지점. 도쿄 시부야에 발을 내디딘 때부터 단순히 패션만을 내세우는 것이 아닌 문화적인 요소도 곳곳에 배치해 젊은이의 유행을 선도하고 있다.

지도 P.149-C2 발음 삿포로파르코 **주소** 札幌市中央区南1条西3-3 **전화** 011-214-2111 **홈페이지** sapporo.parco.jp **운영** 10:00~20:00 **휴무** 부정기 **가는 방법** 시영지하철 토호 東豊선 오오도리 大通역 12번 출구에서 바로 연결. **주차장** 88대, 1시간 ¥400, 이후 30분마다 ¥200 추가 **키워드** sapporo parco

3 삿포로관광 황마차 札幌観光幌馬車

오오도오리 공원을 출발하여 삿포로 시계탑과 홋카이도청 구 본청사를 도는 관광마차. 1978년부터 40년간 한결같은 모습으로 손님을 맞이하고 있다. 2층으로 된 빨간 마차를 끄는 말 긴타 銀太와 카우보이 복장을 한 기수는 그 자체만으로 삿포로의 명물이 되었다.

발음 삿포로칸코호로바샤 **주소** 札幌市中央区大通西4 **전화** 011-512-9377 **운영** 12~8월 10:00~16:00, 9~11월 10:00~15:00 **휴무** 수요일, 11월 4일~4월 중순 **요금** 1층 좌석-성인 ¥2,100, 초등학생 ¥1,100, 미취학 아동 ¥600, 2층 좌석-성인 ¥2,500, 초등학생 ¥1,300, 미취학 아동 ¥700

4 옥수수카트 とうきびワゴン

봄이 되면 오오도오리 공원엔 옥수수의 고소한 냄새가 진동한다. 매년 4월부터 10월까지 모습을 드러내는 옥수수카트는 이곳의 명물 먹거리. 조리 방법에 따라 삶은 것(ゆで; 유데)과 구운 것(やき; 야키) 두 가지 맛이 있으며 간장쇼유로 간을 해 옥수수의 달콤함과 짭조름함을 동시에 맛볼 수 있다. 감자에 버터를 녹인 자가버터 じゃがバター, 맥주, 아이스크림도 판매한다. 삿포로 TV탑과 오오도오리역 부근 분수대에서 만날 수 있다.

발음 토오키비와곤 **주소** 札幌市中央区大通西1·3·4 **전화** 011-252-6873 **운영** 09:00~19:00 **휴무** 부정기 **가는 방법** 시영지하철 토호 東豊선 오오도오리 大通역 27번 출구에서 도보 1분.

5 삿포로 TV탑 さっぽろテレビ塔

1957년부터 삿포로를 상징하는 랜드마크. 현재는 라디오방송국의 송신과 중계를 담당하고 있다. 지하 1층은 먹거리가 모인 푸드코트, 1층은 삿포로의 여행 정보를 알 수 있는 인포메이션센터, 3층은 티비탑의 캐릭터 '테레비토오상 テレビ父さん'을 테마로 한 휴식공간을 비롯해 기념품숍과 음식점이 있는 스카이라운지 그리고 전망대가 있다.

지도 P.149-C1 **발음** 삿포로테레비토오 **주소** 札幌市中央区大通西1 **홈페이지** www.tv-tower.co.jp **운영** 09:00~22:00(마지막 입장 21:50) **휴무** 설비 점검일(홈페이지 참조) **요금** 고등학생 이상 ¥1,000 초등중학생 ¥500 미취학아동 무료 **전화** 011-241-1131 **가는 방법** 시영지하철 토호 東豊선 오오도오리 大通역 27번 출구에서 도보 1분. **주차장** 니시니초메 西二丁目 부근 삿포로 지하상가 주차장 이용 **키워드** 삿포로TV탑

6 삿포로 미츠코시 札幌三越

유명 백화점 브랜드 미츠코시의 삿포로 지점. 지하 2층~지상 10층으로 된 본관과 이탈리아의 패션브랜드 '엠포리오 아르마니'로만 2개 층으로 이루어진 북관이 있다. 본관 2층은 우리나라와 일본 젊은 층이 좋아하는 '마가렛 호웰', '아니에스베' 가, 4층에는 '매킨토시 런던', '플리츠 플리즈', '랑방 컬렉션' 등이 있다. 지하 2층 푸드코너에는 홋카이도를 대표하는 디저트 브랜드 '롯카테이 六花亭', '류게츠 柳月', '키타카로 北菓楼', '로이즈 Royce'가 입점해 있다.

지도 P.149-C2 **발음** 삿포로미츠코시 **주소** 札幌市中央区南1条西3·8 **전화** 011-271-3311 **홈페이지** mitsukoshi.mistore.jp/store/Sapporo **운영** 본관 10:00~19:00, 본관 지하2층~2층·북관 10:00~19:30, 본관 10층 10:00~20:00 **휴무** 부정기 **가는 방법** 시영지하철 토호 東豊선 오오도오리 大通역 11번 출구에서 바로 연결. **주차장** ¥2,000 이상 구매 시 3시간 무료, 30분마다 ¥250 추가 **키워드** sapporo mitsukoshi

7 마루이이마이 삿포로본점 丸井今井札幌本店

150년 이상의 역사를 자랑하는 유서 깊은 백화점. 2~9층까지 모든 플로어가 여성복 전용으로 되어 있으며 1층과 10층 역시 화장품, 미용실로 된 그야말로 여성을 위한 백화점이라 할 수 있다.

지도 P.149-D2 **발음** 마루이이마이삿포로혼텐 **주소** 札幌市中央区南1条西2 **전화** 011-205-1151 **홈페이지** www.maruiimai.mistore.jp/sapporo.html **운영** 쇼핑-10:30~19:30, 음식점-11:00~21:00 **휴무** 부정기 **가는 방법** 시영지하철 토호 東豊선 오오도오리 大通역 33번 출구에서 바로 연결. **주차장** ¥2,000 이상 구매시 3시간 무료, 이후 30분마다 ¥250 추가 **키워드** marui imai sapporo

홋카이도 대학교 北海道大学

홋카이도가 자랑하는 국립대학교. 홋카이도 개척에 힘이 될 인재 양성을 목적으로 1876년 개교한 삿포로농업학교 札幌農學校가 전신이다. 12개 학부를 둔 종합대학으로 재학생의 과반이 홋카이도 이외의 지역 출신으로 이루어져 있다. 면적 177만㎡의 드넓은 캠퍼스엔 푸르른 자연과 더불어 홋카이도 개척시대의 흔적이 담긴 역사적 건축물이 산재해 있다.

지도 P.146-A1 **발음** 홋카이도다이가쿠 **주소** 札幌市北区北8条西5 **전화** 011-716-2111 **홈페이지** www.hokudai.ac.jp **운영** 건물마다 상이 **가는 방법** JR 삿포로역 북쪽 출구에서 도보 7분. **주차장** 홋카이도 대학 병원 주차장 이용, 1회 30분 무료, 이후 1시간마다 ￥300 추가 **키워드** 홋카이도 대학교

홋카이도 대학교 추천 견학 코스

정문 → ❶ 클라크 동상 → ❷ 후루카와 강당 → ❸ 홋카이도 대학교 종합박물관 → ❹ 포플러나무 가로수길 → ❺ 오노 연못 → ❻ 은행나무 가로수길 → ❼ 삿포로 농업 학교 제2농장

1 클라크 동상 クラーク像

미국 매사추세츠 농업대학의 학장 윌리엄 스미스 클라크 박사. 삿포로농업학교의 초대 교감을 맡으며 8개월간 재직, 훌륭한 인재를 배출하였으며 홋카이도 개척과 일본 사상에도 큰 영향을 끼쳤다.

2 후루카와 강당 古河講堂

1907년 시설 확충으로 만들어진 시설. 재벌 가문 후루카와 古河가 기부한 헌금으로 지어져 이름이 붙여졌다. 미국 빅토리안 양식으로 된 서양식 건물이면서도 숲을 뜻하는 한자 '林(임)'을 모티브로 한 현관 기둥이 특색 있다.

3 홋카이도 대학교 종합박물관
北海道大学総合博物館

1929년 구 홋카이도 제국대학 이공학부 본관으로 지어진 건물. 삿포로 농업학교 시절의 표본과 자료 약 400만 점이 보관되어 있다. 2010년 노벨화학상을 수상한 스즈키 아키라 鈴木章 명예교수의 연구를 소개한 전시실도 있다. 매주 월요일 휴무.

4 포플러나무 가로수길 ポプラ並木
높이 30m의 길쭉한 포플러나무가 줄지어 선 가로수길. 1912년 산림학과 학생이 실습으로 심은 것이 계기가 되었다.

5 오노 연못 大野池
재학생들의 휴식공간으로 이용되는 학교 내 작은 숲속 연못.

6 은행나무 가로수길 イチョウ並木
키타주산조거리 北13条通에 해당하는 위치에 있는 산책로. 가을이 되면 노랗게 물든다.

7 삿포로 농업학교 제2농장 札幌農学校第二農場
1876년 클라크 박사가 근대화의 모델로 구상한 것으로 축산경영을 제대로 경험할 수 있는 훗카이도 최초의 실전 농장이다. 근대농업의 역사를 알 수 있는 당시의 건축물과 농기구가 그대로 남아 전시되고 있다. 4월 하순부터 11월 상순까지 공개. 매달 넷째 주 월요일 휴무.

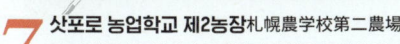

운영 야외 08:30~17:00, 내부 10:00~16:00 **휴무** 야외 연중무휴, 내부 매달 넷째 주 월요일, 11/4~4/28 **요금** 무료

스스키노 すすきの

도쿄의 카부키초 歌舞伎町, 후쿠오카의 나카스 中州와 더불어 일본 3대 환락가로 불리는 거리. 낮에는 쇼핑을 하러 온 이들로 인산인해를 이루고 밤이 되면 술과 유흥을 즐기러 온 이들로 북적거린다. 4,000개가 넘는 점포 속에는 관광객이 찾는 드러그스토어, 패션잡화점, 가전양판점, 음식점, 이자카야, 편의점 등이 위치해 있어 맛과 쇼핑을 동시에 충족시킬 수 있다.

홋카이도가 자랑하는 주류 브랜드 닛카위스키 ニッカウヰスキー의 로고가 새겨진 대형 간판과 휘황찬란한 네온사인이 만들어내는 밤의 풍경은 삿포로의 대표 포토 스폿으로도 유명하다.

지도 P.148~149 **발음** 스스키노 **주소** 札幌市中央区南4条西4丁目 **홈페이지** www.susukino-ta.jp **가는 방법** 시영지하철 난보쿠 南北선 스스키노 すすきの역 2번 출구에서 도보 1분. **키워드** 스스키노

스스키노 하면 이곳!

타누키코지 상점가 狸小路

니시잇초메 西1丁目에서 니시나나초메 西7丁目까지 길게 이어지는 아치형 아케이드 상점가. 1873년에 생겨난 홋카이도에서 가장 오래된 상점가로 노포부터 신장 개업까지 200여 점포가 들어서 있다. 시도 때도 없이 바뀌는 삿포로의 변덕스러운 날씨에도 전혀 영향을 받지 않으면서 쾌적하게 둘러볼 수 있다.

지도 P.148~149 **발음** 타누키코오지 **주소** 札幌市中央区南2中黒3条西1丁目~7丁目 **홈페이지** www.tanukikoji.or.jp **운영** 점포마다 상이 **가는 방법** 노면전차 市電 타누키코지 狸小路역에서 도보 1분. **키워드** 다누키코지 상점가

노리아 nORIA

볼링장, 노래방, 게임센터, 음식점이 들어선 상업시설 노르베사 nORBESA 옥상에 설치된 관람차. 화려한 밤 풍경이 펼쳐지는 스스키노에 있으므로 낮보다는 밤에 승차하는 것을 추천한다. 지상 78m 높이에서 내려다보는 번쩍거리는 스스키노의 야경과 정면으로 보이는 붉은빛 삿포로 TV탑을 감상하기에 제격이다. 의자에 히터가 달려 있어 추위에도 끄떡없다.

지도 P.149-C3 발음 노리아 **주소** 札幌市中央区南3条西5丁目1-1 **전화** 011-261-8875 **홈페이지** www.norbesa.jp/noria **요금** 고등학생 이상 ￥1,000, 초등·중학생 ￥500, 미취학 아동·당일 생일인 경우 신분증 제시하면 무료 **운영** 일~목요일·공휴일 11:00~23:00 금·토요일·공휴일 전날 11:00~01:00 **휴무** 부정기 **가는 방법** 시영지하철 난보쿠 南北선 스스키노 すすきの역 2번 출구에서 도보 2분. **키워드** 노르베사

❶ 옥상에 있는 관람차의 모습 ❷ 관람차에서 내려다보이는 스스키노 전경

니조 시장 二条市場

타누키코지 상점가 반대 방향으로 가면 보이는 시장. 메이지 明治시대 때 어부들이 직접 잡은 생선을 팔던 것을 계기로 시장이 형성되었다. 대게, 성게, 가리비 등 홋카이도 각지에서 들여온 싱싱한 해산물과 과일, 과자 등을 판매하는 가게 50점포가 활발히 영업하고 있다. 다양한 재료를 얹은 해산물덮밥이 관광객 사이에서 특히 인기가 높다.

지도 P.149-D2 발음 니죠이치바 **주소** 札幌市中央区南3条東1丁目~東2丁目 **전화** 011-222-5308 **홈페이지** nijomarket.com **운영** 07:00~18:00 **휴무** 부정기 **가는 방법** 시영지하철 토자이 東西선 바스센타마에 バスセンター前역 1번 출구에서 도보 4분. **키워드** 니조시장

홋카이도 사계 마르셰 北海道四季マルシェ

홋카이도 각지에서 사랑받고 있는 명과부터 신선한 제철 채소와 과일, 해산물까지 훌륭한 품질을 자랑하는 식재료와 각종 기념품을 한자리에 총집결한 셀렉트숍. 삿포로 농학교의 한정 상품과 홋카이도의 명물 닭튀김 '잔기 ザンギ'를 튀겨 판매하는 코너를 갖추고 있다.

지도 P.147-C2 **발음** 홋카이도 시키마르셰 **주소** 札幌市中央区北5条西2丁目 札幌ステラプレイスセンター1F **전화** 011-209-5337 **홈페이지** www.hkiosk.co.jp/hokkaido-shikimarche **영업** 08:00~21:30 **휴무** 부정기 **가는 방법** 삿포로 스텔라 스테이션센터 1층에 위치 **키워드** 홋카이도 시키 마르셰 스텔라플레이스점

아오아오 삿포로 AOAO SAPPORO

2023년 7월 20일 삿포로 시내 중심부에 탄생한 도심형 수족관. 4층부터 6층까지 층마다 3개 구역으로 나누어 대자연의 위대함과 바다생명체의 아름다움을 체험할 수 있는 각종 시설을 갖추고 있다. 4층은 직경 1.6m, 높이 2.7m로 한번에 3,000리터 인공 바닷물을 제조하여 수족관의 환경을 구성하는 플랜트를 전시하여 물의 순환을 확인하고, 전시된 생명체의 건강관리, 먹이 조리, 육성 작업 과정 등 수족관의 보이지 않는 이면을 보여주는 공간으로 되어 있다. 5층은 수초가 무성한 아름다운 수중 경관 속에서 작은 생물들의 영위를 자연 속 있는 그대로의 모습을 관찰할 수 있는 전시관으로 꾸며져 있다. 자연의 소중함을 실감하며 살아있는 수조 생태계를 관찰할 수 있다. 마지막 6층에서는 펭귄, 해파리, 플랑크톤을 가까이에서 지켜볼 수 있다.

지도 P.149-C2 **발음** 아오아오삿포로 **주소** 札幌市中央区南2条西3-20 moyuk SAPPORO 4~6F **홈페이지** aoao-sapporo.blue **운영** 10:00~22:00(마지막 입장 21:00) **휴무** 부정기 **요금** 고등학생 이상 ￥2,200(시기에 따라 ￥2,000) 초등·중학생 ￥1,100(시기에 따라 ￥1,000), 3세 이상 ￥200, 2세 이하 무료 **가는 방법** 시영지하철 토호 東豊선 오오도오리 大通역 11번 출구에서 도보 1분 **주차장** 없음 **키워드** aoao sapporo

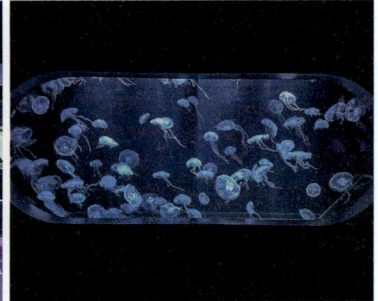

코코노 스스키노
COCONO SUSUKINO

삿포로 최대 번화가이자 중심가인 스스키노에 새롭게 탄생한 대형 상업시설. 영화관, 슈퍼마켓, 드러그스토어, 음식점, 저가형 균일가점, 호텔, 패션 브랜드, 기념품점, 편의점 등 쇼핑은 물론이고 먹거리까지 즐길 수 있도록 지하 2층부터 지상 6층까지 알차게 입점해 있다. 여행자가 들를 만한 곳은 슈퍼마켓 '다이이치', 홋카이도 특산품 전문점 '사계 마르셰', 삿포로 현지인의 소울푸드 제과점 '동구리', 인기 회전초밥집 '네무로 하나마루', 대형 드러그스토어 '아인즈&털페', 100엔숍의 대표격 '다이소'와 300엔숍 '쓰리삐' 등이 있다.

지도 P.149-C3 발음 코코노스스키노 주소 札幌市中央区南4条西4-1-1 전화 011-596-0097 홈페이지 cocono-susukino.jp 운영 10:00~21:00(음식점 11:00~24:00) 휴무 1/1 가는 방법 시영지하철 난보쿠 南北선 스스키노 すすきの역 5번 출구에서 바로 연결. 주차장 63대, ¥2,000 이상 구매 시 1시간 무료, 30분 ¥300 키워드 cocono susukino

나카지마 공원 中島公園

중요문화재 건축물, 일본 정원, 공연장 등 문화시설이 풍부한 공원. 1918년 홋카이도 개척 50주년을 기념하여 열린 박람회의 메인 회장으로 사용될 정도로 오래전부터 문화적인 요소를 갖추고 있었다. 공원 곳곳에 자리한 동상과 조각상에서도 이러한 면모를 짐작할 수 있다. 벚꽃, 등나무, 은행나무 등 계절의 변화를 느낄 수 있는 곳으로 사랑받고 있다.

지도 P.144-B3 **발음** 나카지마코오엔 **주소** 札幌市中央区中島公園1 **전화** 011-511-3924 **가는 방법** 시영지하철 난보쿠 南北線 나카지마코엔 中島公園역 1번 출구에서 도보 1분. **키워드** 나카지마 공원

나카지마 공원 산책 포인트

키타라 Kitara

삿포로 교향악단의 메인 공연장. 이름은 고대 그리스의 발현악기 중 하나인 키타라에서 따 왔다. 정기공연을 비롯해 다채로운 음악 이벤트를 상시개최한다.

발음 키타라 **주소** 札幌市中央区中島公園1番15 **전화** 011-520-2000 **가는 방법** 시영지하철 난보쿠 南北線 나카지마코엔 中島公園역 3번 출구에서 도보 7분. **키워드** 키타라

호헤이칸 豊平館

1880년 고급 서양식 호텔로 건축된 국가 지정 중요문화재. 메이지 明治 시대의 유일한 호텔로 첫 숙박객은 메이지 일왕이었다고 한다. 일본의 전통기술을 구사해 지어진 목조건축물로 그와 대조되는 화려한 샹들리에를 중심으로 한 천장이 특징이다.

발음 호헤에칸 **주소** 札幌市中央区中島公園1-20 **전화** 011-211-1951 **홈페이지** www.s-hoheikan.jp **요금** 성인 ¥300, 중학생 이하 무료 **운영** 09:00~17:00(마지막 입장 16:30) **휴무** 둘째 주 화요일(공휴일인 경우 다음날), 12/29~1/3 **가는 방법** 시영지하철 난보쿠 南北선 나카지마코엔 中島公園역 3번 출구에서 도보 5분. **키워드** 호헤이칸

핫소안 八窓庵 & 일본 정원 日本庭園

공원 내에는 홋카이도 각지에서 찾아낸 빼어난 명석과 교토에서 만든 석등 그리고 적송과 해송으로 꾸민 일본 에도 江戸시대의 전통정원이 있다. 이곳에 숨어 있는 국가 지정 중요문화재 핫소안은 일본의 대표적인 조경가 코보리엔슈 小堀遠州가 만든 다실이다. 본래 시가 滋賀현에 있었으나 훗날 홋카이도신문의 편집장이 사들여 삿포로로 옮겨졌다고 한다. 4월 하순부터 11월 중순까지 한정적으로 선보인다.

발음 핫소앙&니혼테에엔 **주소** 札幌市中央区中島公園1 **가는 방법** 시영지하철 난보쿠 南北선 나카지마코엔 中島公園역 1번 출구에서 도보 5분. **키워드** 팔공암

❶ 국가 지정 중요문화재 핫소안 ❷ 자연 풍경을 그대로 축소한 듯한 일본 정원의 특징을 잘 살린 정원

마루야마 공원 円山公園

여타 공원과 달리 울창한 원시림의 숲길을 만끽할 수 있는 공원. 도심 한가운데라고는 믿을 수 없을 만큼 야생의 모습을 간직하고 있다. 공원 입구부터 홋카이도 신궁 北海道神宮 부근까지는 일반적인 공원과 다를 바 없지만 안쪽으로 깊숙이 들어가면 삿포로시 마루야마 동물원 札幌市円山動物園과 함께 천연기념물로 지정된 원시림이 펼쳐진다. 곧게 뻗은 삼나무 사이로 잘 가꿔진 산책로를 따라 풀 내음 가득한 자연을 즐기는 것도 힐링의 한 방법. 원시림 속에 있는 높이 226m의 아담한 마루야마까지 하이킹을 즐기는 현지인도 자주 보인다.

지도 P.144-B3 **발음** 마루야마코오엔 **주소** 札幌市中央区宮ヶ丘 **전화** 011-621-0453 **가는 방법** 시영지하철 토자이 東西線 마루야마코엔 円山公園역 3번 출구에서 도보 5분. **주차장** 960대, 1회 ￥700 **키워드** 마루야마 공원

마루야마 공원 속 즐길 거리

홋카이도 신궁 北海道神宮

홋카이도에서 가장 참배객이 많이 방문하는 신사. 1869년 메이지 明治 일왕이 홋카이도 개척민들을 지킬 수호신을 모시기 위해 만들어졌다. 새해 첫날과 1,400그루 벚꽃이 만발하는 봄이 되면 많은 이들이 찾는다. 신궁 입구에는 '홋카이도 개척의 아버지'라 불리는 메이지 明治시대의 관리 시마 요시타케 島義勇의 동상이 세워져 있다.

발음 홋카이도진구 **주소** 札幌市中央区宮ヶ丘474 **전화** 011-611-0261 **홈페이지** www.hokkaidojingu.or.jp **요금** 무료 **운영** 여름 06:00~17:00, 겨울 07:00~16:00 **휴무** 연중무휴 **가는 방법** 시영지하철 토자이 東西線 마루야마코엔 円山公園역 3번 출구에서 도보 15분. **키워드** hokkaidojingu

홋카이도 신궁의 모습 / 신궁 입구에 있는 시마요시타케 동상

마루야마 동물원 円山動物園

1951년에 탄생한 홋카이도에서 가장 오래된 동물원. 도쿄의 우에노 동물원이 이동 동물원으로 삿포로를 방문해 큰 인기를 얻었던 것을 계기로 만들어졌다. 본래 서식지에 가까운 환경을 재현하기 위해 원시림 부근에 세워졌다. 포유류, 파충류, 조류 등 홋카이도에서 가장 많은 184종류의 동물이 살고 있는데, 홋카이도에서만 서식하는 사슴과 불곰도 만나볼 수 있다.

지도 P.144-B3 **발음** 마루야마도오부츠엔 **주소** 札幌市中央区宮ヶ丘3-1 **전화** 011-621-1426 **홈페이지** www.city.sapporo.jp/zoo **요금** 성인 ¥800, 고등학생 ¥400, 중학생 이하 무료 **운영** 3~10월 09:30~16:30(마지막 입장 16:00), 11~2월 09:30~16:00(마지막 입장 15:30) **휴무** 둘째 주, 넷째 주 수요일(공휴일인 경우 다음 날), 4월 둘째 주 월~금요일, 11월 둘째 주 월~금요일, 12/29~31 **키워드** 삿포로 마루야마 동물원

시내에서 한 걸음 더

삿포로 히츠지가오카 전망대 さっぽろ羊ヶ丘展望台

삿포로 시가지와 이시카리 石狩 평야가 시원스럽게 펼쳐지는 전망대. 2,000마리 이상의 양을 사육하던 목장을 관광사업의 일환으로 일반인에게 개방하면서 큰 반응을 얻자 1959년 정식으로 문을 열었다. 홋카이도 개척에 큰 영향을 끼쳤던 홋카이도 대학교의 초대 교감 클라크 박사의 동상 뒤로 광대한 자연경관을 감상할 수 있다. 이 동상은 클라크 박사가 홋카이도 땅을 밟은 지 100주년이 되던 해에 세워진 것으로 그가 남긴 명언 'Boys, be ambitious(소년들이여, 야망을 가져라)'가 새겨져 있다. 클라크 광장을 시작으로 매년 2월에 열리는 삿포로 눈 축제 자료관, 멋스러운 예배당, 음식점, 기념품점, 족탕 등 휴게시설에서 소소한 재미를 느낄 수 있다. 겨울철에는 스키, 썰매 등을 즐길 수 있는 스노우파크로 변신한다.

지도 P.145-C4 **발음** 삿포로히츠지가오카텐보오다이 **주소** 札幌市豊平区羊ヶ丘1 **전화** 011-851-3080 **홈페이지** www.hitsujigaoka.jp **운영** 10~5월 09:00~17:00, 6~9월 09:00~18:00 **휴무** 연중무휴 **요금** 고등학생 이상 ¥600 초등·중학생 ¥300, 미취학 아동 무료 **가는 방법** JR 삿포로 札幌역 앞 토큐 東急백화점 남쪽 출구 2번 버스정류장에서 89번 승차 후 히츠지가오카텐보오다이 羊ヶ丘展望台 하차. **주차장** 100대 **키워드** sapporo hitsujigaoka observation

클라크 박사 동상

전망대에서 바라본 삿포로 전경

클라크채플(눈 축제 자료관)

삿포로 브란버치 채플

오스트리아관 레스트하우스

족탕

모에레누마 공원 モエレ沼公園

일본의 세계적인 조각가 이사무 노구치 イサム・ノグチ가 기본 설계를 담당한 예술공원. 23년의 긴 공사 끝에 2005년에 개원하였으며, 삿포로 시가지를 공원과 녹지로 둘러싼 그린벨트 형태로 두기 위해 계획된 것이다. 공원 전체가 하나의 조각상처럼 구성되어 있는데, 기하학적인 모양의 산과 분수, 놀이시설을 배치하여 자연과 예술이 융합한 매력적인 경관을 뽐내고 있다. 공원의 상징이자 자연과 일체화된 건축물 유리 피라미드, 62m 높이의 아담한 모에레산, 25m의 물줄기로 생명의 탄생과 우주를 표현하는 바다 분수 등 바라만 봐도 감탄사가 나오는 시설들이 곳곳에 포진되어 있다. 아이들도 즐길 수 있는 얕은 연못과 놀이기구도 있다.

지도 P.145-D1 **발음** 모에레누마코오엔 **주소** 札幌市東区モエレ沼公園1-1 **전화** 011-790-1231 **홈페이지** moerenumapark.jp **운영** 07:00~22:00 **휴무** 부정기 **요금** 무료 **가는 방법** 시영지하철 토호 東豊선 칸조도오리히가시 環状通東역에서 69, 79번에 승차하여 모에레누마코엔히가시구치 モエレ沼公園東口 정류장에서 하차, 도보 10분. **주차장** 1,500대 **키워드** 모에레누마코엔

마코마나이 타키노 공원묘지 真駒内滝野霊園

삿포로시 최대 규모의 묘지. 묘지가 관광명소라니 언뜻 이해 가지 않을 법도 하지만 이곳의 입구를 본다면 당장이라도 가보고 싶어질 만큼 웅장한 조형물에 마음이 뺏기는 곳이다. 개원 30주년을 기념해 선보인 아타마 대불전 頭大仏殿은 일본 건축의 거장 안도 타다오 安藤忠雄의 주도로 설계됐다. 공원묘지에 들어서면 언덕 너머로 불상의 머리만이 방문객을 맞이한다 하여 일본어로 머리를 뜻하는 아타마를 붙여 지어진 이름으로 봄은 신록, 여름은 라벤더, 겨울은 눈으로 덮여 오묘한 조화를 이룬다. 물의 정원과 터널을 지나 대불전 안으로 들어서면 13.5m의 거대한 불상이 파란 하늘과 어우러져 존재감을 드러낸다. 전혀 관련이 없으나 모아이상과 스톤헨지를 그대로 본뜬 조각상도 세워져 있어 재미를 더한다.

지도 P.145-C4 **발음** 마코마나이타키노레에엔 **주소** 札幌市南区滝野2番地 **전화** 011-592-1223 **홈페이지** takinoreien.com **운영** [공원] 4~10월 07:00~19:00, 11~3월 07:00~18:00, [대불전] 4~10월 09:00~16:00, 11~3월 10:00~15:00 **휴무** 연말연시 **요금** ¥500(라벤더 관리비) **가는 방법** 시영지하철 난보쿠 南北선 마코마나이 真駒内역 앞 2번 버스정류장에서 真102 승차 후 아타마다이부츠 頭大仏에서 하차, 도보 1분. **주차장** 2,900대 **키워드** 마코마나이 타키노 영원

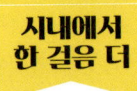
시내에서 한 걸음 더

스타디움 투어 중 더그아웃에서 바라본 신구장의 전경

홋카이도 볼파크 F 빌리지 北海道ボールパーク Fビレッジ

일본의 프로야구팀 중 하나인 홋카이도 닛폰햄 파이터스의 신구장을 포함해 2023년 3월 문을 연 새로운 상업시설. 약 32헥타르의 광활한 부지 면적에는 자연과 공존하는 차세대 라이브 공연장, 스타디움 투어, 어린이 놀이시설, 사우나, 승마 체험장, 반려견 공원, 액티비티 시설 등 이전에 없었던 창의적인 공간을 마련해놓았다.

경기가 없는 날에는 닛폰햄 파이터스의 신구장을 방문한 이들을 위한 둘러보는 스타디움 투어를 실시 중이다. 선수들이 경기 중 이용하는 더그아웃 벤치나 실제로 쓰이는 기자회견장, 평소 선수들이 오가는 그라운드 주변을 방문하면서 닛폰햄 파이터스가 걸어온 역사를 소개하는 메모리얼 공간도 둘러보는 시간을 가진다. 경기를 가장 가까운 곳에서 지켜보도록 마련된 VIP석에서 착석하거나 VIP 전용 식당을 구경하는 등 다양한 체험이 가능하다는 점도 포인트. 단, 일본어로만 투어가 진행되는 점은 아쉬운 부분이다.

투어에 참여하지 않더라도 구장 내 가볍게 식사를 할 수 있는 푸드 코트나 기념품을 판매하는 매점도 둘러볼 수 있다. 또한 경기장 일부에 앉아 내부를 바라볼 수도 있다. 최근 한국인에게도 인기가 높아진 메이저리거 오오타니 쇼헤이 大谷翔平와 국제대회 WBC를 통해 한국인 팬에게도 익숙한 다르빗슈 유 ダルビッシュ有는 닛폰햄을 거쳐간 거물급 프로선수들이다. 경기장에는 이들을 기념하는 커다란 벽화가 있어 포토존으로 이용되고 있다. 경기장 주변에는 아이들이 시간을 보낼 수 있는 놀이터나 미니 야구장 있어서 가족 단위로 방문하는 사람들도 많다.

지도 P.145-D3 **발음** 홋카이도보오루파아쿠에후비렛지 **주소** 北広島市 Fビレッジ **홈페이지** hkdballpark.com **운영** 시설마다 다름 **휴무** 부정기 **요금** 시설마다 다름, 경기장 투어 ¥1,800~4,500 **가는 방법** JR전철 치토세 千歳선 키타히로시마 北広島역에서 도보 7분 **주차장** 있음(사전 예약 필수) **키워드** hokkaido ballpark

❶ 닛폰햄을 빛낸 두 레전드 선수의 벽화를 배경으로 기념촬영을 할 수 있다.
❷ 스타디움 투어 중 방문하는 기자회견장 ❸ 어린이를 위한 미니 야구장
❹ 구단의 역사를 담은 메모리얼 공간 ❺ 닛폰햄 파이터스의 기념품 코너
❻, ❼ 구장 내 푸드코트 ❽ 스타디움 투어를 안내하는 도우미

+Plus 세계 3대 축제 중 하나, 삿포로 눈 축제

1950년 삿포로 중·고등학생들이 제작한 눈 조각상을 전시하며 대중에게 첫 선을 보인 삿포로 눈 축제 さっぽろ雪まつり는 70년이란 긴 세월을 거쳐 이제는 홋카이도, 나아가 일본을 대표하는 겨울 이벤트로 손꼽힌다. 매년 2월 초가 되면 삿포로 관광의 중심인 오오도오리 공원 전체가 눈 축제 행사장으로 변신하여 입이 떡 벌어질 만큼 크고 화려한 눈 조각상들이 국내외 관광객을 맞이한다. 규모와 디테일만으로도 눈을 사로잡지만 형형색색의 조명, 프로젝션 맵핑 등 각기 다른 연출로 특별한 즐거움을 선사한다. 더불어 눈 조각품 사이사이마다 홋카이도의 명물을 맛볼 수 있는 먹거리 코너와 홋카이도산 기념품을 판매하는 매점이 있어 추억과 재미를 더한다.
메인 행사장인 오오도오리 공원 외에 스스키노 거리 한복판에도 장인이 제작한 얼음조각상이 전시되며, 중심가에서 약간 떨어져 있는 돔형 다목적 문화시설 '츠돔 つどーむ'에서도 각종 놀이기구 체험이 가능하다.

변신!!!

'삿포로 눈 축제' 정보

행사기간 매년 2월 4일부터 11일까지
각 행사장으로 가는 방법
· 오오도오리 행사장 : 오오도오리 공원 내
· 스스키노 행사장 : 미나미 4조 거리에서 7조 거리까지
· 츠돔 행사장 : 시영지하철 토호 東豊선 사카에마치 栄町역에서 유료 셔틀버스 이용 또는 도보 15분.
※ 축제기간 중 오오도오리 행사장과 삿포로역 북쪽 출구에서 출발하는 유료 셔틀버스도 운행.
주의사항 행사장 내 금연, 무인 항공기(드론) 사용 금지
홈페이지 www.snowfes.com

💬Plus 일본 3대 야경! 삿포로 야경 감상하기

고베 神戶, 나가사키 長崎와 함께 새로운 일본의 3대 야경으로 뽑힌 삿포로. 삿포로의 환상적인 야경을 감상할 수 있는 네 군데의 전망대를 소개한다.

1 삿포로모이와산로프웨이 札幌もいわ山ロープウェイ

삿포로시 남쪽에 위치한 해발 531m의 모이와산은 현재 관광객과 현지인 사이에서 가장 인기 있는 전망대다. 결코 높은 산이라고는 할 수 없지만 삿포로 시내를 조망할 수 있는 전망대 가운데 가장 높은 편이므로 탁 트인 시야를 제공한다. 우선 산기슭에 설치된 로프웨이를 타고 정상 부근까지 올라간다. 최대한 자연경관을 해치지 않고 조화를 이루도록 디자인된 로프웨이는 사면으로 둘러싸인 커다란 유리창을 통해 전경을 감상할 수 있다. 5분 만에 1,200m를 올라 최종 목적지로 가는 미니 케이블카인 모리스카에 탑승하면 2분 뒤 정상 전망대에 도착하는데, 눈 앞에 어둠 속에서 반짝이는 삿포로의 야경이 끝없이 펼쳐진다.

지도 P.144-B3 발음 삿포로모이와야마로오프웨이 **주소** 札幌市中央区伏見5-3-7 **전화** 011-561-8177 **홈페이지** mt-moiwa.jp **요금** 아래 표 참조 **운영** 4~11월 10:30~22:00, 12~3월 11:00~22:00, 1/1 05:00~10:00 **휴무** 부정기(홈페이지 참조) **가는 방법** 노면전차 市電 로프웨이이리구치 ロープウェイ入口역에서 무료 셔틀버스 승차. **주차장** 120대 **키워드** 모이와산로쿠

● 열차 종류별 요금

로프웨이&모리스카 세트			로프웨이			모리스카		
	성인	초등학생 이하		성인	초등학생 이하		성인	초등학생 이하
왕복	¥2,100	¥1,050	왕복	¥1,400	¥700	왕복	¥700	¥350
편도	¥1,050	¥530	편도	¥700	¥350	편도	¥350	¥180

2

JR타워 전망실 타워스리에이트 JRタワー展望室 タワー・スリエイト

JR 삿포로 札幌역에서 직접 연결되는 복합시설 JR타워에서도 야경을 조망할 수 있다. 홋카이도에서 가장 높은 빌딩으로 높이는 160m. 최상층인 38층 전체를 전망실로 꾸며놓았다. 남쪽은 바둑판처럼 가지런히 정리된 삿포로 시내가, 서쪽은 오오쿠라산 大倉山, 마루야마 円山같이 삿포로를 대표하는 산들이 한눈에 들어온다. 북쪽에는 저 멀리 오타루 小樽가 보이고 동쪽은 화창한 날씨라면 유바리산 夕張岳도 보인다. 남쪽을 조망하며 음료를 즐길 수 있도록 카페를 운영하고 있으며 전망실 오리지널 기념품을 판매하는 숍도 있다. 전망실은 JR 삿포로역 남쪽 출구에 있는 스텔라플레이스 ステラプレイス 6층을 통해서 입장이 가능하다.

지도 P.144-C2 **발음** 제이아루타와아텐보시츠 타와아스리에이또 **주소** 札幌市中央区北5条西2-5 **전화** 011-209-5500 **홈페이지** www.jr-tower.com/t38 **운영** 10:00~22:00(마지막 입장 21:30) **휴무** 연중무휴 **요금** 성인 ¥740, 중·고등학생 ¥520, 초등학생 이하 ¥320, 3세 이하 무료 **가는 방법** JR 삿포로 札幌역 남쪽 출구에서 도보 1분. **주차장** 2,000대, 유료 **키워드** JR타워 전망대

3 삿포로 TV탑 さっぽろテレビ塔

높이 147.2m의 삿포로 TV탑은 삿포로를 대표하는 랜드마크다. 지상 90m 부분에 있는 전망대에서 삿포로 시내를 360도 파노라마로 감상할 수 있는데, 쭉 뻗은 오오도오리 공원과 화려한 빌딩숲을 가까이서 내려다볼 수 있다. 재미있는 것은 전망대 내부에 신사가 있다는 점. TV탑의 비공식 캐릭터인 테레비토오상 テレビ父さん을 모티브로 한 테레비토오상 신사 テレビ父さん神社는 부부 원만, 연애 성취 등을 기원하는 곳으로 앞날의 길흉을 점칠 수 있는 제비뽑기 오미쿠지도 판매한다. 전망대로 가려면 우선 3층 판매처에서 입장권을 구입해야 한다. 상세 정보는 P.95을 참조한다.

지도 P.149-D1　**발음** 삿포로테레비토오

삿포로 오오쿠라산 전망대 札幌大倉山展望台

스키점프대에서 바라보는 이색 야경체험! 1972년 삿포로 동계올림픽을 시작으로 현재도 국제대회의 실제 경기장으로 이용되는 오오쿠라산 스키점프 경기장은 선수들과 동일한 시선에서 삿포로의 전경을 바라볼 수 있는 독특한 전망대다. 리프트를 타고 정상에 도달하는 데 걸리는 시간은 6분. 세이프티 바에 의지한 채 아찔하면서도 짜릿한 스릴을 만끽할 수 있다. 야간운영은 하지 않기에 일몰 시간이 빨라지는 겨울에만 방문할 것. 경기장 내에는 삿포로 동계올림픽 박물관이 있어 스키점프 가상체험도 할 수 있다.

지도 P.144-A3 ▶ **발음** 삿포로오오쿠라야마텐보오다이 **주소** 札幌市中央区宮の森1274 **전화** 011-641-8585 **홈페이지** okurayama-jump.jp **요금** [리프트+올림픽 박물관 세트] 고등학생 이상 ¥1,370, 중학생 이하 ¥1,070, [리프트 왕복] 중학생 이상 ¥1,000, 초등학생 이하 ¥500, [올림픽 박물관] 고등학생 이상 ¥670, 중학생 이하 무료 **운영** 4/29~6/30, 10/1~10/31 08:30~18:00, 11/1~4/28 09:00~17:00, 7/1~7/30 08:30~21:00 **휴무** 점프대회, 공식 연습일(홈페이지 참조) **가는 방법** 시영지하철 토자이 東西선 마루야마코엔 円山公園역 2번 출구에 있는 마루야마 버스 터미널 円山バスターミナル에서 円14 승차, 미야노모리야산셰마에 宮の森シャンツェ前 하차, 도보 10분. **주차장** 113대 **키워드** 오쿠라야마 점프경기장

+Plus 홋카이도 명물과 함께 하는 이색 체험 여행

홋카이도를 대표하는 초콜릿과 맥주 브랜드 공장에서는 이색 체험 여행을 즐길 수 있다.
오직 홋카이도에서만 체험해볼 수 있는 이색 여행을 떠나보자.

먹거리 코너에서 파는 아이스크림

1 시로이코이비토파크 白い恋人パーク

홋카이도 기념품의 정석인 초콜릿 과자 '시로이코이비토 白い恋人'를 테마로 한 공원. 유럽 소도시의 작은 마을처럼 귀엽고 아기자기한 외관이 시선을 사로잡는다. 실제 초콜릿 과자의 제조 과정을 엿볼 수 있는 공장 내부를 공개해 유리창을 통해 견학할 수 있고, 먹거리 코너에서는 아이스크림, 파르페, 케이크, 사탕 등을 맛볼 수도 있다. 또 하트 모양의 쿠키를 직접 만들 수 있는 체험공방도 마련되어 있어 그야말로 먹고, 보고, 체험할 수 있는 즐길 거리를 제공한다. 120여 종류의 장미꽃으로 꾸며진 로즈가든 ローズガーデン, 마을 전체를 미니어처 형태로 만든 걸리버타운 ガリバータウン, 동화 속 한 장면 같은 고풍스러운 분위기의 튜더하우스 チュダーハウス가 추천할 만하다.

지도 P.144-A2 **발음** 시로이코이또파이카 **주소** 札幌市西区宮の沢2-2-11-36 **전화** 011-666-1481 **홈페이지** www.shiroikoibitopark.jp **운영** 10:00~18:00 **휴무** 연중무휴 **요금** 고등학생 이상 ¥800, 중학생 이하 ¥400, 3세 이하 무료(일부 시설 별도 요금 추가) **가는 방법** 시영지하철 토자이 東西線 미야노사와 宮の沢역 4번 출구에서 도보 7분. **주차장** 450대 **키워드** 시로이고이비토파크

2 삿포로돔 전망대 札幌ドーム展望台

일본 프로야구 '닛폰 햄 파이터즈 日本ハムファイターズ'의 홈 구장인 삿포로돔에는 53m 높이에서 삿포로 시내를 조망할 수 있는 일본 유일의 돔 전망대가 있다. 일반 전망대에서 바라보는 풍경과 비슷할지라도 야구장이라는 이색 공간이 주는 특별함이 있다. 전망대가 돔의 가장 높은 위치에 자리하고 있으므로 전망대로 향하는 공중 에스컬레이터에서 야구장 전체를 한 눈에 감상할 수 있다.

지도 P.145-C3 **발음** 삿포로도오무텐보오다이 **주소** 札幌市豊平区羊ケ丘1 **전화** 011-850-1020 **홈페이지** www.sapporo-dome.co.jp/guide/tenboudai.html **운영** 10:00~17:00(이벤트 개최 여부에 따라 변동 가능성 있음) **휴무** 부정기 **요금** 고등학생 이상 ¥570, 초등·중학생 ¥370, 미취학 아동 무료 **가는 방법** 시영지하철 토호 東豊선 후쿠즈미 福住역 3번 출구에서 도보 10분. **주차장** 있음 **키워드** 삿포로돔

3 로이즈 카카오&초콜릿 타운 ロイズカカオ&チョコレートタウン

한국인 여행자에게 인기가 높은 초콜릿 브랜드 '로이즈 ROYCE'를 직접 생산하는 공장 내에 병설된 오락 시설. JR 삿포로역에서 30분이면 공장 인근 역에 도착하므로 부담 없이 방문할 수 있다. 콜롬비아에 있는 로이즈 전용 카카오 농장을 재현해 카카오를 재배하는 풍경부터 초콜릿이 완성되기까지를 관찰할 수 있는 공장 견학, 세상에 단 하나뿐인 나만의 초콜릿을 만들어보는 체험 워크숍, 200여 종이 넘는 로이즈의 상품과 역사를 소개하는 전시 공간 등으로 구성되어 있다.

지도 P.145-D1 **발음** 로이즈카카오안도초코레에토타운 **주소** 石狩郡当別町ビトエ640-15 **전화** 0570-055-612 **홈페이지** www.royce.com/cct **운영** 10:00~17:00(마지막 입장 15:00, 기념품점 ~18:00) **휴무** 부정기 **요금** [8월 4일 정식 오픈 후] 고등학생 이상 ¥1,200, 중학생 이하 ¥500, 3세 이하 무료(사전예약제 실시, 홈페이지 예약) **가는 방법** JR전철 가쿠엔토시 学園都市선 로이즈타운 ロイズタウン역에서 도보 7분. JR로이즈타운역 앞에서 출발하는 무료셔틀버스 운행. 스케줄은 홈페이지 참조 **주차장** 100대 **키워드** ROYCE CACAO TOWN

4 삿포로맥주박물관 サッポロビール博物館

삿포로가 자랑하는 일본의 대표 맥주 브랜드 '삿포로맥주 サッポロビール'의 탄생 비화를 소개하고 아울러 맥주의 역사까지 안내하는 박물관. 1890년 삿포로에 세워진 첫 맥주공장이자 일본에서 처음으로 와인이 탄생한 곳으로 빨간 벽돌로 건축된 복고풍의 외관이 특징이다. 박물관을 둘러보는 방법은 특별한 안내 없이 자유롭게 둘러볼 수 있는 자유 견학 방식이다. 박물관 내 스타홀에선 맥주를 판매하는데, 프리미엄 투어 참가자는 두 가지 맥주의 시음도 요금 안에 포함돼 있다. 홋카이도 공장에서 직송한 맥주와 처음 삿포로맥주가 만들어진 당시의 옛 맥주도 기념품숍에서 구입할 수 있다.

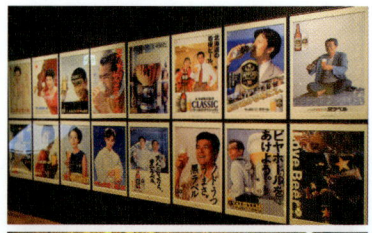

지도 P.145-C2 **발음** 삿포로비이루하쿠부츠칸 **주소** 札幌市東区北7条東9丁目1-1 **전화** 011-748-1876 **홈페이지** www.sapporobeer.jp/brewery/s_museum **운영** 11:00~18:00(마지막 입장 17:30) **휴무** 월요일(공휴일인 경우 다음날), 연말연시 **요금** [프리미엄 투어] 성인 ¥1,000, 중학생~20세 미만 ¥500, 초등학생 이하 무료, [자유 견학] 무료 **예약 방법** 공식 홈페이지 또는 전화를 통해 희망 날짜 4주 전인 8시부터 예약 실시 **가는 방법** 시영지하철 토호 東豊선 히가시쿠야쿠쇼마에 東区役所前역 4번 출구에서 도보 10분. **주차장** 200대 **키워드** 삿포로맥주박물관

신치토세 공항 新千歲空港

한국에서 건너오는 관광객 대다수가 거쳐가는 관문, 신치토세 공항. 귀국시간 때문에 시내에서 남은 시간을 보내기 애매하다면 미리 공항에 도착해 마지막까지 알차게 즐기는 것도 하나의 방법이다. 쇼핑과 레스토랑으로도 시간을 보낼 수 있지만 색다른 체험을 원한다면 공항 내 시설을 이용해보자.

주소 北海道千歲市美々 **홈페이지** www.hokkaido-airports.com/ja/new-chitose **키워드** 신치토세공항

[편의 시설]

● 온천

신치토세 공항에는 다른 공항에서는 볼 수 없는 독특한 시설이 존재한다. 우리나라 찜질방과 비슷한 개념의 온천시설이 바로 그것. 아침 9시부터 1시간의 청소 시간을 제외하면 23시간 동안 영업을 하므로 이른 아침 비행기를 이용한다면 온천에서 하룻밤을 보내는 것도 좋은 선택이 될 것이다.

위치 국내선 터미널 4층 **전화** 0123-46-4126 **홈페이지** www.new-chitose-airport-onsen.com **영업** 10:00~다음 날 09:00(마지막 접수 07:30) **휴무** 부정기 **요금** 중학생 이상 ¥2,600, 초등학생 ¥1,300, 미취학 아동 무료(01:00 이후 이용 추가 요금-중학생 이상 ¥2,000, 초등학생 ¥1,000, 05:00~08:00 입장 요금-중학생 이상 ¥1,300, 초등학생 ¥600)

● 전망데크

국내선 터미널 4층에는 비행기의 이착륙의 순간을 직접 볼 수 있는 전망데크가 마련되어 있다. 국내선 및 국제선 모든 항공기가 활보하는 2개의 활주로를 탁 트인 시선으로 관람할 수 있다. 유료 망원경이 설치되어 있어 바로 눈 앞에서 보는 것처럼 자세하게 관찰할 수 있다(1회 ¥100, 약 120초간 관람 가능).

운영 08:00~20:00(단, 12월부터 3월까지 이용 불가) **홈페이지** www.new-chitose-airport.jp

RESTAURANT
삿포로 미식탐방

삿포로 사람들의 소울푸드

징기스칸 다루마 成吉思汗だるま
`스스키노`

삿포로에 왔다면 훗카이도를 대표하는 향토요리 징기스칸만은 꼭 먹어보자. 1954년에 문을 연 징기스칸 다루마는 매일 생후 24~26개월의 엄선한 양고기를 들여와 조리하기 때문에 양고기 특유의 누린내가 느껴지지 않고 부드러운 육질을 제대로 느낄 수 있다. 등심, 목심, 다리 등 각 부위를 미디엄 레어로 익혀서 먹는 것을 추천하며 이 집만의 특제 소스에 찍어 먹으면 더욱 맛있다.

`추천메뉴` 징기스칸 ジンギスカン ¥1,280

`지도 P.149-C4` **발음** 징기스칸다루마 **주소** 札幌市中央区南五条西4 クリスタルビル1F **전화** 011-552-6013 **홈페이지** sapporo-jingisukan.info **영업** 17:00~05:00(마지막 주문 04:30) **휴무** 12/31~1/2 **가는 방법** 시영지하철 난보쿠 南北선 스스키노 南北 すすきの역 5번 출구에서 도보 5분. **주차장** 없음 **키워드** 다루마본점

홋카이도 카니쇼군 北海道 かに将軍
`스스키노`

홋카이도의 유명 게 요리 전문점. 홋카이도 명물이라 할 수 있는 털게를 주재료로 한 초밥, 회, 튀김, 그라탕 등의 요리를 차례로 맛보는 코스와 특제 간장쇼유를 베이스로 한 게 전골이 간판 메뉴다. 다소 비싼 가격이 부담스럽다면 점심시간을 노려보자. 일품 정식 메뉴를 합리적인 가격에 즐길 수 있다. 1~4층까지 380명 수용 가능한 널찍한 내부는 좌식과 테이블석, 개인실 등 다양한 형태의 좌석을 갖추고 있다.

`추천메뉴` 놀라운 대게코스 かに会席 ¥6,800~

`지도 P.149-D3` **발음** 카니쇼오군 **주소** 札幌市中央区南4条西2-14-6 **전화** 011-222-2588 **홈페이지** www.kani-ya.co.jp/shogun/sapporo **영업** 11:00~15:00, 17:00~22:00 **휴무** 연중무휴 **가는 방법** 시영지하철 난보쿠 南北선 스스키노 南北 すすきの역 3번 출구에서 도보 2분. **주차장** 없음 **키워드** 카니쇼군

징기스칸 주테츠 ジンギスカン 十鉄
스스키노

양고기에 거부감이 있거나 한 번도 먹어본 적이 없는 이에게 추천하고 싶은 징기스칸 전문점. 좋은 품질의 양고기를 맛있는 부위만을 엄선해 사용하며, 그냥 마셔도 맛있다고 자부하는 이 집만의 비밀 소스를 내세우고 있다. 자신 있게 추천하는 메뉴는 '여행자 체험 세트 旅人おたしセット'. 세트에는 간을 하지 않은 양고기, 소금과 후추로 간을 한 양고기, 양고기 소시지와 아스파라거스가 포함돼 있다.

추천메뉴 여행자 체험 세트 旅人おためしセット ¥1,900

지도 P.149-C4 **발음** 징기스칸쥬우테츠 **주소** 札幌市中央区南7条西5 東北飯店2F **전화** 011-551-1011 **홈페이지** juttetsu.jp **영업** 17:00~24:00 **휴무** 부정기 **가는 방법** 시영지하철 난보쿠 南北선 스스키노 南北すすきの역 5번 출구에서 도보 5분. **주차장** 없음 **키워드** sapporo juttetsu

멘야 유키카제 麺屋雪風
스스키노

삿포로 라멘의 대표 격, 미소라멘을 제대로 맛볼 수 있는 라멘집. 3가지 미소된장과 돼지 뼈, 닭 육수를 배합하여 우린 진한 국물이 특징이다. 돼지삼겹살과 닭다리살로 만든 차슈, 잘게 썬 파, 경수채, 반숙 달걀이 어우러져 절묘한 맛을 만들어낸다. 가게 내부를 가득 채우고 있는 유명인들의 사인만 보아도 그 인기가 느껴진다.

추천메뉴 농후미소된장라멘 濃厚味噌らーめん ¥998

지도 P.149-C4 **발음** 멘아유키카제 **주소** 札幌市中央区南7条西4-2-6 **전화** 011-512-3022 **홈페이지** menyayukikaze **영업** 월~목요일 11:00~14:00, 18:00~02:30 금·토요일 11:00~14:00, 18:00~03:30 일요일 11:00~14:00, 18:00~24:00 **휴무** 부정기 **가는 방법** 노면전차 市電 히가시혼간지마에 東本願寺前역에서 도보 2분. **주차장** 근처 코인 주차장 이용 **키워드** 멘야 유키카제

수프카레 가라쿠
スープカレーGARAKU 〔스스키노〕

양파, 토마토, 양주 등 30가지 재료로 만든 수프와 21가지 향신료를 사용하여 독자적인 맛을 만들어낸다. 맵기 정도를 1에서 40까지 지정할 수 있는데 숫자가 커질수록 매워지고 1에서 5까지는 무료, 6에서 19까지는 ¥110, 20부터 40까지는 ¥210을 추가해 즐길 수 있다. 밥의 양은 소(100g), 중(200g), 대(300g) 중 선택 가능하며 대는 ¥100의 추가 금액이 든다.

추천메뉴 부드러운 닭다리와 채소카레 やわらかチキンレッグと野菜 ¥1,480

지도 P.149-D2 **발음** 스으프카레에가라쿠 **주소** 札幌市中央区南２条西2-6-1 おくむらビルB1F **전화** 011-233-5568 **홈페이지** www.s-garaku.com **영업** 11:30~15:00, 17:00~20:30 **휴무** 부정기 **가는 방법** 노면전차 市電 타누키코지 狸小路역에서 도보 3분. **주차장** 인근 주차장 이용, ¥2,600 이상 1시간 무료 **키워드** sapporo garaku

피칸티 Picante 〔삿포로역〕

담백한 맛과 진한 맛 두 종류의 수프카레를 내세우는 전문점. 카레에 들어갈 주재료와 토핑, 맵기 정도를 직접 선택하게 해 손님의 취향을 최대한 반영한다. 주재료는 10여 종류 중에서 고를 수 있는데, 추천하는 재료는 치킨과 양고기, 잎새버섯이다. 가지, 호박, 연근, 피망, 당근 등 각종 채소가 들어가 있어 몸에도 좋다. 매콤한 맛이 기본적으로 가미되어 있지만 1~5까지 맵기 정도를 선택할 수 있다. 1과 2는 무료, 3~5는 ¥100~300이 추가된다.

추천메뉴 치킨(주재료) チキンレッグ ¥1,480

지도 P.147-C3 **발음** 피칸티 **주소** 札幌市中央区北２条西1丁目8番地 青山ビル1F **전화** 011-271-3900 **홈페이지** www.picante2009.com **영업** 11:00~15:30 **휴무** 수요일 **가는 방법** 시영지하철 토호 東豊선 삿포로 さっぽろ역 22번 출구에서 도보 1분. **주차장** 없음 **키워드** 피칸티

조라 ZORA `오오도오리`

오오도오리 공원 바로 앞에 위치한 수프카레 전문점으로 양, 소, 닭, 돼지고기 등 다양한 수프카레 메뉴를 제공한다. 인기 메뉴는 저크치킨수프카레 ジャークチキンスープカレー. 자메이카 향신료를 첨가하여 하룻동안 재운 닭다리살을 숯불로 구워내어 그 맛이 수프에 고스란히 스며들어있다. 진하고 매콤한 국물은 매운맛을 좋아하는 한국인이라면 누구나 즐길 수 있는 맛이다.

추천메뉴 저크치킨수프카레 ジャークチキンスープカレー ¥1,200~

지도 P.148-B2 **발음** 조라 **주소** 札幌市中央区南1条西7丁目12-5 大通パークサイドビル 1F **전화** 011-231-4882 **홈페이지** zora2009.com **영업** 11:30~16:30 **휴무** 일요일(눈 축제 기간은 영업) **주차장** 없음 **키워드** sapporo zora

오쿠시바 쇼텐 奥芝商店 `삿포로역`

매일 아침 2천 마리 새우에서 뽑아낸 진한 육수로 향긋한 풍미가 그윽한 감칠맛 나는 수프 카레 전문점. 삿포로뿐만 아니라 아사히카와, 오비히로, 하코다테 등 홋카이도 각지에 지점을 운영하고 있다. 10년 동안 부동의 인기를 자랑하는 메뉴는 수프 카레와 햄버그 스테이크를 동시에 즐길 수 있는 소야곶 수프 카레. 홋카이도 최북단 땅에서 자란 소로 만든 햄버그는 육질이 부드러워 카레와 잘 어우러진다.

추천메뉴 소야곶 햄버그와 수프 카레 宗谷岬おくしばーぐとおくし畑のスープカレー ¥2,150

지도 P.147-C2 **발음** 오쿠시바쇼오텐 **주소** 札幌市中央区北4条西1丁目 ホクレンビルB1F パールタウン飲食街 **전화** 011-207-0266 **홈페이지** okushiba.net **영업** 11:00~15:00, 17:00~21:00 **휴무** 부정기 **가는 방법** 시영지하철 토호 東豊선 삿포로 さっぽろ역 23번 출구 인근에 위치. **주차장** 없음 **키워드** 오쿠시바 쇼텐 에키마에

+Plus 삿포로 라멘 로드

삿포로는 무려 2,000곳이 넘는 라멘집이 모여있는 일본 최고의 '라멘 격전지'다.
그만큼 다른 곳에서는 쉽게 맛볼 수 없는 독특한 라멘들도 다양하게 즐길 수 있다.
그중에서 특히 주목할 만한 라멘 맛집 몇 곳을 소개한다.

1

라멘삿포로이치류앙
ラーメン札幌一粒庵 [삿포로역]

★ 추천 메뉴 힘이 나는 미소라멘
元気のでるみそらーめん ¥1,000~1,500

정통 미소라멘을 제공하는 인기 라멘집. 숙주나물, 파, 차슈 단 세 가지만 토핑된 심플한 스타일이지만, 산나물의 왕이라고 불리는 산마늘 行者にんにく, 삼나무 단지에 몇 년간 천연 숙성시킨 미소된장 米こうじみそ, 최상급 간장쇼유 등 재료 하나하나에 심혈을 기울여 만든다. 라멘에 들어가는 대부분의 식재료는 홋카이도산이다.

지도 P.147-C2 **발음** 라아멘삿포로이치류앙 **주소** 札幌市中央区北四条西1-1 ホクレンビルB1F **전화** 011-219-3199 **홈페이지** www.ichiryuan.com **영업** 일~목요일 11:00~15:30 토요일 11:00~19:30 **휴무** 금요일 **가는 방법** 시영지하철 토호 東豊선 삿포로 さっぽろ역 23번 출구에서 도보 3분. **주차장** 인근 JA파킹 JAパーキング 이용 **키워드** 이치류안 라멘

2

멘야사이미 麺屋 彩未 [미소노역]

2025년 현재 삿포로에서 가장 인기가 높은 라멘집이라고 해도 과언이 아닌 식당. 삿포로 라멘의 대표격인 미소 味噌 라멘은 세 종류의 일본식 된장 미소를 혼합한 특제 소스와 맑은 돼지뼈 육수에 차슈와 다진 생강을 더해 깔끔한 뒷맛을 느낄 수 있다.

★ 추천 메뉴 미소 라멘 味噌らーめん ¥1,000

지도 P.145-C3 **발음** 멘야사이미 **주소** 札幌市豊平区美園10条5-3-12 **전화** 011-820-6511 **홈페이지** www.menya-saimi.com **영업** 화~목요일 11:00~15:15, 금~일요일 11:00~15:15, 17:00~19:30 **휴무** 월요일(공휴일인 경우에도 휴무), 부정기 **가는 방법** 시영지하철 토호 東豊선 미소노 美園역 1번 출구에서 도보 4분. **주차장** 19대 **키워드** 멘야 사이미

3

에비소바이치겐 えびそば 一幻 스스키노

새우의 진한 향을 뿜어내는 육수와 그 국물이 잘 스며든 면이 먹음직스러운 새우라멘 전문점. 국물베이스는 소금, 된장, 간장 중 선택할 수 있으며 국물의 진한 정도를 기본(그대로 소노마마), 적당히(ほどほど 호도호도), 진함(あじわい 아지와이) 중에서 선택할 수 있다. 면 종류는 두꺼운 면(고쿠후토멘 極太麵)과 얇은 면(호소멘 細麵) 두 가지로 취향에 따라 고를 수 있다.

★ 추천 메뉴 에비미소
えびみそ ￥950

지도 P.148-B4 **발음** 에비소바이치겐 **주소** 札幌市中央区南7条西9 1024-10 **전화** 011-513-0098 **홈페이지** www.ebisoba.com **영업** 11:00~03:00 **휴무** 수요일 **가는 방법** 노면전차 市電 히가시혼간지마에 東本願寺前역에서 도보 5분. **주차장** 11대 **키워드** 에비소바이치겐

4

스미레 すみれ 스스키노

1964년부터 50년이 넘는 긴 시간동안 삿포로 시민의 큰 사랑을 받고 있는 유명 라멘집. 삿포로를 넘어 전국구적인 인지도를 얻고 있어 홋카이도를 방문한 전국 각지의 현지인의 방문이 끊이질 않는다. 나카노시마 본점을 비롯해 삿포로시 중심가인 스스키노와 외곽에 지점을 운영하고 있다. 다양한 메뉴가 있으나 진한 미소 된장의 깊은 풍미와 탄력이 있는 면발이 잘 어우러진 미소 라멘이 인기.

★ 추천 메뉴 미소 라멘
味噌ラーメン ￥1,200

지도 P.149-C3 **발음** 스미레 **주소** 札幌市中央区南3条西3丁目9-2 피크시스빌2F **전화** 011-200-4567 **홈페이지** www.sumireya.com **영업** 17:00~24:00 **휴무** 부정기 **가는 방법** 시영지하철 난보쿠 南北線 스스키노 すすきの역 2번 출구에서 도보 3분. **주차장** 없음 **키워드** 스미레

일본정식부터 샌드위치까지

키타노구루메 北のグルメ 소엔역

JR 삿포로역에서 한 정거장 거리에 있는 삿포로시 중앙도매시장 내 해산물 맛집. 홋카이도 각지에서 직송된 신선한 해산물을 맛볼 수 있다. 특히 해산물 덮밥 海鮮丼이 유명한데, 해산물에 어울리는 끈기가 있으면서 은은한 단맛이 느껴지는 밥을 특별히 제작해 해산물 고유의 맛을 한층 더 끌어내고 있다. 성게, 연어알, 새우, 털게, 참치 등 다양한 종류를 선보이고 있다.

추천메뉴 해산물 덮밥 海鮮丼 ¥1,500~

지도 P.144-B2 **발음** 키타노구루메 **주소** 札幌市中央区北11条西22丁目4-1 **전화** 011-621-3545 **홈페이지** www.kitanogurume.co.jp **운영** [시장] 5~10월 06:00~17:00, 11~4월 07:00~16:00 [음식점] 07:00~15:00(마지막 주문 14:30) **휴무** 연중무휴 **가는 방법** JR 하코다테본 函館本선 소엔 桑園역 서쪽 출구에서 도보 10분. (삿포로 역 북쪽 출구에서 무료 셔틀버스 운행 중이므로 홈페이지 참조) **주차장** 11대 **키워드** 키타노구루메테이

싱싱한 해산물이 꽉 찬 덮밥

커리하우스 콜롬보
カリーハウスコロンボ 삿포로역

삿포로 하면 수프카레이지만 일본에 왔다면 일본식 카레도 놓칠 수 없다. 1973년 문을 열어 40년이란 오랜 시간 동안 현지인에게 사랑 받아온 카레 전문점 커리하우스 콜롬보는 카레가 모자라면 직원이 리필해주는 것이 특징이다. 기본으로 제공되는 밥의 양이 350g으로 다른 가게에 비하면

토핑으로 얹어 나오는 삶은 달걀이 플레이팅에 깜찍함을 더한다.

2배 정도 많은 편이라, 양이 적은 사람이라면 작은 사이즈(250g, 쇼라이스 小ライス)를 주문할 것을 권한다. 식후 아이스크림은 서비스!

추천메뉴 카츠믹스카레 カツミックスカレー ¥1,400

지도 P.146-B3 **발음** 카리이하우스코론보 **주소** 札幌市中央区北4条西4 札幌国際ビル **전화** 010-221-2028 **홈페이지** www.colombo1973.com **영업** 월~금요일 11:00~21:00, 토·일요일·공휴일 11:00~19:00 **휴무** 넷째 주 일요일 **가는 방법** 시영지하철 삿포로 さっぽろ역 8번 출구에서 직접 연결. **주차장** 없음 **키워드** curry house colombo

미요시노 みよしの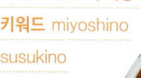

관광객에게는 잘 알려져 있지 않지만 삿포로 현지인의 소울푸드로 오랫동안 사랑 받는 메뉴가 있다. 바로 카레 위에 군만두를 얹은 교자카레 ぎょうざカレー. 의외의 조합이지만, 실패할 확률이 낮을 것이란 걸 우리는 먹기 전부터 이미 잘 알고 있을 터. 메뉴 구성이 심플한 만큼 가격 또한 저렴한 편이다.

추천메뉴 교자카레 ぎょうざカレー ￥720

지도 P.149-D2·D3 **발음** 미요시노 **주소** 札幌市中央区南3条西2丁目16-4(狸小路2丁目) **전화** 011-231-3440 **홈페이지** miyoshino-sapporo.jp **영업** 11:00~21:00 **주차장** 없음 **키워드** miyoshino susukino

먹음직스러운 교자카레

토카치부타동 잇삔
十勝豚丼 いっぴん 삿포로역

홋카이도 남쪽에 위치한 토카치 十勝 지역의 명물 부타동(돼지고기덮밥)을 삿포로에서도 맛볼 수 있다. 바로 부타동소스 전문점인 소라치 ソラチ가 문을 연 부타동 전문점 잇삔에서다. 돼지고기 등심을 숯불에 구운 후 특제 간장소스를 발라 다시 구운 후 따끈한 밥 위에 얹어 낸다. 고기의 양이 많은 것을 원한다면 토쿠모리 特盛를, 보통 양의 반 정도 고기만을 원한다면 하프 ハーフ를 주문하자(밥 곱빼기는 ￥60 추가).

추천메뉴 부타동 豚丼 ￥990

지도 P.147-C2 **발음** 토카치부타동잇삔 **주소** 札幌市中央区北5条西2-5 ステラプレイス6F **전화** 011-209-5298 **홈페이지** www.butadon-ippin.com **영업** 11:00~22:00(마지막 주문 21:30) **휴무** 스텔라플레이스에 따름 **가는 방법** JR 삿포로 札幌역 내 스텔라플레이스 6층에 위치. **주차장** JR타워 JRタワー 주차장 이용, 1시간 ￥360, 20분마다 ￥120 추가 **키워드** 잇삔

얌차 하루노소라 飲茶はるのそら
오오도오리

다양한 중국식 딤섬을 즐길 수 있는 얌차 전문점으로, 2017년 홋카이도 미슐랭 비브그루망에 선정된 맛집이다. '차를 마시다'라는 뜻의 '얌차 飲茶'란 홍콩의 대표적인 식문화로 아침과 점심시간 사이에 가볍게 차와 딤섬을 먹는 시간이다. 쉽게 말하면 '홍콩식 브런치' 정도. 얌차 하루노소라는 미슐랭에 게재되기 전부터 이미 현지인들 사이에선 이름이 자자했다. 그 이유는 저렴한 가격에 알찬 점심을 즐길 수 있기 때문이었는데, 특히 주마다 바뀌는 중국식 죽과 딤섬이 세트로 구성된 점심 메뉴를 저렴한 가격에 즐길 수 있다. 저녁시간에도 합리적인 가격에 중국 본토의 맛으로 무장된 다양한 중화요리를 즐길 수 있다.

추천메뉴 중국죽런치 中国おかゆのランチ ¥1,500

지도 P.148-B1 **발음** 야무차하루노소라 **주소** 札幌市中央区大通西6-10-11北都ビルB1F **전화** 011-200-0586 **영업** 11:00~14:15 **휴무** 수·일요일 **가는 방법** 노면전차 市電 니시핫초메西8丁目역에서 도보 4분, **주차장** 없음 **키워드** 하루노소라

스테이크&함바그 히게
ステーキ&ハンバーグ ひげ **스스키노**

철판에 구운 먹음직스러운 소고기스테이크와 치즈 함바그스테이크를 메인으로 한 음식점. '일주일에 한 번 누리는 작은 사치'를 콘셉트로 하여 좋은 품질의 재료를 아낌없이 사용한 것이 특징이다. 가격대가 조금 나가는 편이지만 치즈 퐁듀 소스나 모차렐라 치즈를 듬뿍 넣은 치즈 함바그를 합리적인 가격에 제공한다.

추천메뉴 퐁듀풍 치즈 함바그 フォンデュ風チーズハンバーグ ¥1,800~2,700

지도 P.149-D4 **발음** 스테에키함바아그히게 **주소** 札幌市中央区南5条西6丁目 第5桂和ビル1F **전화** 011-511-2911 **홈페이지** hige-style.com **영업** 11:00~03:00 **휴무** 부정기 **가는 방법** 시영지하철 스스키노すすきの역 5번 출구에서 도보 4분 **주차장** 없음 **키워드** Sapporo hamburg hige minami 5

후우게츠 風月 [삿포로역]

50년 이상 삿포로의 오코노미야키와 야키소바를 책임져온 음식점. 이 집의 인기 비결은 신선한 재료와 소스에 있는데, 요리에 사용되는 밀가루, 달걀, 양배추는 모두 홋카이도산이며 맛을 결정하는 소스와 마요네즈를 가게에서 직접 만들어 사용한다. 2~6인분 전용 세트 외에도 혼자서 즐길 수 있는 1인 세트도 있다. 참고로 칸사이 지방에 있는 동명의 오코노미야키 전문점과는 전혀 관련이 없다. 한글 메뉴 완비.

추천메뉴 오코노미야키 お好み焼き ¥1,500~

지도 P.149-C2 **발음** 후우게츠 **주소** 札幌市中央区南2条西3-20 モユクサッポロB2F **전화** 011-206-6254 **홈페이지** fugetsu-sapporo.co.jp **영업** 11:00~22:00(마지막 주문 21:00) **휴무** 부정기 **가는 방법** 시영지하철 토호 東豊선 오오도오리 大通역 11번 출구에서 도보 3분. **주차장** 없음 **키워드** fugetsu moyuk

네무로 하나마루 回転寿司 根室花まる [삿포로역]

홋카이도 동쪽 제일 끝에 위치한 네무로 根室 지역의 유명 회전초밥집이 삿포로에 상륙했다. 현지 인기를 그대로 이어 삿포로에서도 압도적인 인기를 얻고 있다. 해산물의 보물상자라 불릴 정도로 좋은 재료가 나는 네무로 지역의 특징을 내세워 신선도를 최우선으로 생각한다. 끝없는 대기행렬을 방지하고자 터치패널로 접수를 받는다. 패션, 서점 등이 모인 복합시설 내에 위치하므로 대기 인원수를 확인한 다음 주변 시설을 구경하고 오는 것이 좋다.

추천메뉴 초밥 お寿司 ¥165~

지도 P.147-C2 **발음** 네무로하나마루 **주소** 札幌市中央区北5条西2 札幌ステラプレイスセンター6F **전화** 011-209-5330 **홈페이지** www.sushi-hanamaru.com **영업** 11:00~22:00(마지막 주문 21:30) **휴무** 연중무휴 **가는 방법** 스텔라플레이스 센터 6층. **주차장** 1시간 ¥600, 20분마다 ¥200 추가 **키워드** sapporo hanamaru jr

식은 고기는 테이블 위 달궈진 돌에 얹어서 구워 먹자.

노스컨티넨트 마치노나카
ノースコンチネント まちのなか `오오도오리`

다양한 종류의 홋카이도산 고기를 사용한 함바그스테이크 전문점. 맛볼 수 있는 고기만도 소, 돼지, 닭, 양, 사슴 등 없는 게 없을 정도다. 홋카이도 최대 곡창지대로 알려진 토카치 十勝 지역의 소고기 브랜드 이케다규 池田牛, 홋카이도 서남쪽 사로마 佐呂間 지역의 브랜드 소고기인 사로마규 サロマ牛, 홋카이도 남쪽 니이캇푸 新冠 지역 흑돼지 니이캇푸쿠로부타 新冠黒豚, 우에다 上田 정육점에서 들여오는 고급 사슴고기 그리고 이와 곁들여 최고의 맛을 낼 향신료 등 특히 재료에 많은 공을 들인다.

`추천메뉴` 오늘의 런치 本日のランチ ¥1,380

`지도 P.149-D2` `발음` 노오스콘치넨토마치노나카 `주소` 札幌市中央区中央区南2条西1南2条西1マリアールビルB1 `전화` 011-218-8809 `홈페이지` north-continent.co.jp `영업` 11:30~15:00, 17:30~22:00 `휴무` 셋째 주 수요일 `가는 방법` 시영지하철 토호 東豊선 오오도오리 大通역 35번 출구에서 도보 1분. `주차장` 없음 `키워드` north continent machi sapporo

로하스 LOHAS `오오도오리`

자연식 로푸드 Raw food 전문점. 식물성 식재료에 48도 이상의 열을 가하지 않고 무첨가 조리한 요리를 로푸드라고 하는데 다이어트와 건강식에 관심이 커지자 전 세계적으로 열풍이 불기 시작했다. 로푸드가 생소했던 2007년에 문을 열어 10년 이상 삿포로 시민의 건강한 밥을 책임져왔다. 주인장 히로는 미국에서 전문적으로 로푸드를 배운 후 로푸드 셰프 라이선스를 취득했다고.

`추천메뉴` 디톡스 플레이트 デトックスプレート ¥2,090

`지도 P.148-B3` `발음` 로하스 `주소` 札幌市中央区南2条西7丁目6-1ホテルブーゲンビリア札幌1F `전화` 011-222-5569 `홈페이지` rawfoodlohas.com `영업` 일~목요일 11:00~16:00, 금~토요일 11:00~16:00(마지막 주문 15:30), 18:00~23:30(마지막 주문 23:00) `휴무` 연말연시 `가는 방법` 노면전차 市電 니시8초메 西8丁目역에서 도보 3분. `주차장` 없음(근처 코인주차장 있음) `키워드` raw food cafe lohas

트라이얼 로푸드 플레이트

모리에르 카페 훗떼모하레떼모 Molière Café 降っても晴れても `삿포로역`

홋카이도 오비히로의 대표 과자 브랜드 롯카테이 六花亭의 삿포로 본점 건물 9층에 자리한 캐주얼 프렌치 레스토랑. 홋카이도산 신선한 재료로 선보이는 메뉴와 오픈 키친, 목조테이블, 높은 천장과 같은 모던한 인테리어가 특징인데, 이 때문인지 현지 젊은 여성층에게 인기가 높다. 점심시간(11:00~14:00), 저녁시간(17:30~20:00)에 기본 코스 요리가 제공되며, A와 B 두 코스로 되어 있다. 14:00~16:00에는 티타임 디저트와 음료 메뉴를 즐길 수 있다.

`추천메뉴` menu-A ¥2,800

`지도 P.148-A3` **발음** 모리에르 카페 훗떼모하레떼모 **주소** 札幌市中央区北4条西6丁目3-3 六花亭9F **전화** 011-221-2000 **홈페이지** sapporo-molierecafe.com **영업** 11:00~20:00 **휴무** 수요일, 부정기 **가는 방법** 시영지하철 난보쿠 南北선 삿포로 さっぽろ역 3번 출구에서 도보 5분. **주차장** 없음 **키워드** moliere cafe come rain

홋카이도산 신선한 재료로 선보이는 메뉴

동구리 どんぐり `오오도오리`

40년 이상의 역사를 자랑하는 빵집으로 삿포로 시민의 소울 푸드로 자주 언급되기도 한다. 명물로 꼽히는 '치쿠와 빵 ちくわパン'은 반찬 같은 빵이 먹고 싶다는 손님의 요청으로 탄생한 메뉴. 일본식 원통형 어묵 속에 마요네즈를 버무린 참치가 들어있어 식사 대용으로 즐기곤 한다고. 170종류가 넘는 다양한 메뉴와 저렴한 가격이 인기의 이유이기도 하다.

`추천메뉴` 치쿠와 빵 ちくわパン ¥216

`지도 P.149-D1` **발음** 동구리 **주소** 札幌市中央区大通西1丁目13 ル·トロワ1F **전화** 011-210-5252 **홈페이지** www.donguri-bake.co.jp **운영** 10:00~21:00 **휴무** 부정기 **가는 방법** 시영지하철 토호 東豊선 오오도오리 大通역 23번 출구에서 도보 1분. **주차장** 없음 **키워드** 동구리

패뷸러스 FaBuLOUS [오오도오리]

카페 레스토랑 겸 인테리어숍. 멋스러운 서양식 주택 거실을 연상시키는 가게 안 분위기로 인해 현지인 사이에서 인기가 높은 핫플레이스다. 아침 일찍 문을 열기 때문에 모닝커피를 즐기거나 간단한 식사를 하고 싶을 때 이곳을 찾으면 제격이다. 아침(09:00~11:30), 점심(11:30~15:00), 저녁(16:00~20:00) 시간마다 메뉴가 상이하다.

추천메뉴 모닝세트 ￥950~(09:00~11:30, 마지막 주문 10:30)

지도 P.149-D1 **발음** 페뷰라스 **주소** 札幌市中央区南１条東2-3-1NKCビル１F **전화** 011-271-0310 **홈페이지** www.rounduptrading.com **영업** 카페&레스토랑 09:00~19:00, 숍 11:00~19:00 **휴무** 부정기 **가는 방법** 시영지하철 토자이 東西선 버스 센터 バスセンター 역 3번 출구에서 도보 1분. **주차장** 없음 **키워드** sapporo fabulous

아침 한정 메뉴, 원 플레이트 세트

커피와 샌드위치 가게 사에라
珈琲とサンドイッチの店 さえら
[오오도오리]

1975년 문을 연 삿포로를 대표하는 샌드위치 전문점. 오픈 시간과 동시에 수많은 현지인과 관광객이 찾아 드는데 인기가 많은 메뉴는 재료가 다 떨어지면 더 이상 주문을 할 수 없기 때문이다. 이곳의 대표 메뉴는 훗카이도의 명물 무당게(たらばがに 타라바가니)와 과일 샌드위치 세트. 아침식사를 해결하기 위해 방문하는 것을 추천하고 테이크아웃 이용도 가능하다.

추천메뉴 무당게와 과일 샌드위치 たらばがに&フルーツ ￥1,140

지도 P.149-C2 **발음** 코오히또산도잇치노미세사에라 **주소** 札幌市中央区大通西2-5-1 都心ビルB3F **전화** 011-221-4220 **영업** 10:00~18:00 **휴무** 수요일, 12/31, 1/1 **가는 방법** 시영지하철 오오도오리 大通역 19번 출구에서 도보 1분. **주차장** 없음 **키워드** 사에라

산도리아 Sandria `스스키노`

24시간 영업하는 샌드위치 전문점. 한국인이 좋아하는 계란 샌드위치부터 돈카츠, 크로켓, 탄두리 치킨, 명란까지 밥 대용으로 먹을 수 있는 메뉴와 멜론, 딸기, 말차 단팥, 잼 등 디저트로 즐길 수 있는 메뉴 등 40여 종의 맛을 선보인다. 물가 상승이 지속되고 있는 와중에도 누구나 즐길 수 있도록 합리적인 가격으로 판매되고 있다는 점도 매력적이다.

추천메뉴 샌드위치 サンド ¥220~

지도 P.148-A4 **발음** 산도리아 **주소** 札幌市中央区南8条西9丁目758-14 **전화** 011-512-5993 **홈페이지** www.s-sandwich.com **운영** 24시간 **휴무** 12/31~1/2 **가는 방법** 노면전차 야마하나쿠조 山鼻9条역에서 도보 5분 **주차장** 없음 **키워드** 산도리아

속이 알찬
산도리아 샌드위치

오니기리노 아린코 おにぎりのありんこ `스스키노`

창업한 지 40년이 된 일본식 삼각김밥 오니기리 おにぎり 전문점. 주문 즉시 만들기 시작하는데, 오니기리 틀로 만드는 것이 아닌 손으로 직접 만든 오니기리를 제공한다. 간단하게 끼니를 때우고 싶지만 든든하게 배를 채우고 싶을 때 찾는 일본식 패스트푸드 느낌이다. 사이즈를 선택할 수 있는데 특대형 점보와 보통 사이즈 레귤러가 있다.

추천메뉴 치즈와 가츠오부시를 섞은 치즈가츠오 チーズカツオ 점보 ¥450, 레귤러 ¥350

지도 P.149-D1 **발음** 오니기리노아린코 **주소** 札幌市中央区大通西2丁目 さっぽろ地下街オーロラタウン **전화** 011-222-0039 **홈페이지** onigiri-arinko.com **영업** 08:00~20:00 **휴무** 부정기 **가는 방법** 시영지하철 오오도오리 大通역 16번 출구 부근 지하상가에 위치 **주차장** 없음 **키워드** arinko ororataunten

오니기리를 시키면 따뜻한 미소장국이 함께 제공된다.

디저트와 커피

마루야마팬케이크 円山ぱんけーき
마루야마

최근 2~3년 일본을 강타한 디저트의 새로운 강자 '팬케이크'를 전문으로 한 카페. 폭신폭신한 쿠션처럼 보기 좋게 부풀어 오른 겉모습을 보는 순간 이미 부드러운 식감이 느껴진다. 한 입 베어 물면 리코타치즈 향이 입안에 퍼지면서 사르르 녹는다. 버터, 생크림, 사이드로 나오는 아이스크림과 함께 곁들여 먹으면 다양한 맛을 한꺼번에 즐길 수 있다.

추천메뉴 천사의 팬케이크 天使のぱんけーき ¥1,800

지도 P.144-B3 발음 마루야마판에키기 **주소** 札幌市中央区南4条西18丁目2-19 ブリランテ南円山1F **홈페이지** m.facebook.com/maruyamapancake **전화** 011-533-2233 **영업** 11:00-18:30 **휴무** 수요일(부정기 휴무가 있으니, 페이스북으로 확인) **가는 방법** 노면전차 市電 니시18초메 西１８丁目역에서 도보 10분. **주차장** 있음 **키워드** 마루야마 팬케이크

파르페, 커피, 술, 사토
パフェ·珈琲·酒·佐藤 오오도오리

삿포로에는 늦은 밤 모든 식사를 끝낸 후 마무리로 파르페를 먹는 문화가 있다. 이러한 문화를 탄생시킨 주인공이 바로 이곳이다. 예술적인 감각이 돋보이는 파르페는 먹기 아까울 만큼 화려하고 예쁘다. 주말을 제외하고 야간에만 영업을 하므로 그에 걸맞은 메뉴를 가게명에서 찾아볼 수 있는데, 파르페뿐만 아니라 커피와 술도 제공하니 삿포로의 밤을 이곳에서 즐기는 것도 좋은 추억이 될 듯 하다.

추천메뉴 소금 캐러멜과 피스타치오 塩キャラメルとピスタチオ ¥1,797

지도 P.149-D2 발음 파훼코오히사케사토오 **주소** 札幌市中央区南1条西2-1-2 木Ninaru Bldg. 1F **전화** 011-233-3007 **홈페이지** pf-sato.com **영업** 일-목요일 13:00~24:00 금·토요일 13:00~01:00 **휴무** 부정기 **가는 방법** 시영지하철 오오도오리 大通역 36번 출구에서 도보 1분 **주차장** 없음 **키워드** 파르페 커피 술 사토

모리히코 森彦 `마루야마`

푸른 잎사귀에 둘러싸인 2층짜리 목조건물에 자리한 삿포로의 대표 카페. 지어진 지 70년이 넘은 카페 건물은 낡아 보이지만 운치가 느껴진다. 건물 내부는 전반적으로 복고풍 인테리어로 꾸며져 있는데, 내부 구석구석에서 주인장의 센스가 엿보인다. 콜롬비아, 과테말라, 브라질산 원두를 자가배전하여 정성스레 내린 커피 숲의 물방울 森の雫과 홋카이도산 치즈로 만든 케이크를 음미하며 휴식을 가져보자.

`추천메뉴` 숲의 물방울 森の雫 ¥913

`지도 P.144-B3` `발음` 모리히코 `주소` 札幌市中央区南二条西26-2-18 `전화` 0800-111-4883 `홈페이지` www.morihico.com `영업` 09:00~19:00 `휴무` 연말연시 `가는 방법` 시영지하철 토자이 東西선 마루야마코엔 円山公園역 4번 출구에서 도보 4분. `주차장` 5대 `키워드` 모리히코

바리스타트 커피 Baristart Coffee `오오도오리`

커피잔을 든 귀여운 곰 모양의 로고와 세련된 외관 인테리어가 눈에 띄는 카페. 대표 메뉴인 바리스타트 라테는 희귀품종이자 영국 왕실에서 마시던 고급 품질의 저지방 우유와 계절에 맞춰서 엄선한 우유, 다양한 목장에서 들여온 것을 섞은 믹스 등 세 가지 우유 중에서 선택할 수 있다. 커피도 부드러운 아라비카 アラビカ와 깊고 진한 로브스터 ロブスタ 중 선택 가능하다.

`추천메뉴` 바리스타트 라테 Baristart Latte R사이즈 ¥700, L사이즈 ¥770

`지도 P.149-C2` `발음` 바리스타아토코오히이 `주소` 札幌市中央区南1条西4丁目8番地 NKC1-4第二ビル1F `전화` 011-215-1775 `홈페이지` www.baristartcoffee.com `영업` 10:00~18:00 `휴무` 부정기 `가는 방법` 노면전차 市電 니시욘초메 西4丁目역에서 도보 1분. `주차장` 없음 `키워드` 바리스타 커피 sapporo

+Plus 삿포로의 명물, 브랜드 카페

양질의 재료로 만든 맛깔스러운 디저트는 홋카이도의 대표적인 먹거리 중 하나. 홋카이도의 이름난 디저트 브랜드가 총 집합한 삿포로야말로 달콤함을 만끽할 수 있는 절호의 기회다.

1   키타카로 北菓楼 오오도오리

삿포로 인근에 위치한 작은 도시지만 시내에 과자전문점이 많아 '스나가와스위트로드'라고 불리는 스나가와시 砂川市의 대표 과자 전문점. 삿포로 본관은 유서 깊은 역사적 건축물에서 영업 중. 내부는 세계적인 건축가 안도 타다오 安藤忠雄에 의해 새롭게 개조되어 옛 외관과 오묘한 조화를 이루고 있다. 케이크 두 개, 아이스크림, 커피와 홍차 등의 음료를 단돈 ¥990에 즐길 수 있다. 추천 메뉴는 케이크세트 ケーキセット(¥990).

지도 P.146-B4 **발음** 키타카로오 **주소** 札幌市中央区北1条西5-1-2 **전화** 0800-500-0318 **홈페이지** www.kitakaro.com **영업** 10:00~18:00 **휴무** 부정기 **가는 방법** 시영지하철 오오도오리코엔 大通역 5번 출구에서 도보 5분. **주차장** 없음 **키워드** 기타카로 본점

2 유키지루시팔러 雪印パーラー 本店 [삿포로역]

치즈, 버터, 아이스크림과 같은 홋카이도산 신선한 우유를 사용한 유제품을 생산하면서 파르페를 메인으로 한 카페를 운영한다. 제철 과일을 사용한 30종류의 파르페 가운데 인기 메뉴는 초코티라미수, 로열스노우스트로베리, 레어치즈, 캐러멜바나나로, 본사에서 주력으로 하는 아이스크림과 치즈 등이 어우러져 더욱 맛있다. 추천 메뉴는 초코티라미수파르페 生チョコティラミスパフェ(¥1,450).

지도 P.147-C3 **발음** 유키지루시파아라아 **주소** 札幌市中央区北2条西3-1-31 **전화** 011-251-7530 **홈페이지** www.snowbrand-p.co.jp **영업** 10:00~19:00(마지막 주문 18:30) **휴무** 연중무휴 **가는 방법** 시영지하철 난보쿠선 南北線선 토호 東豊線 삿포로 さっぽろ역 11번 출구에서 도보 1분. **주차장** 없음 **키워드** snow brand parlor sapporo flagship

3 롯카테이 六花亭 [삿포로역]

홋카이도 오비히로 帯広 지방이 자랑하는 과자 브랜드. 예쁜 꽃 패키지와 육각형의 꽃이라는 이름에서 정원이 많은 오비히로스러움이 물씬 느껴진다(육각형의 꽃은 눈의 결정을 뜻한다). 출시부터 지금까지 최고의 히트상품인 마루세이 버터 샌드 マルセイバターサンド는 화이트초콜릿과 건포도, 버터를 버무린 크림을 비스킷에 끼운 것이다. 이 과자의 아이스크림 버전을 이곳 삿포로 본점 2층 카페에서 맛볼 수 있다. 추천 메뉴는 마루세이 아이스 샌드 マルセイアイスサンド(¥300)와 커피 コーヒー(¥400).

지도 P.147-C3 **발음** 롯카테에 **주소** 札幌市中央区北4条西6-3-3 **전화** 011-261-6666 **홈페이지** www.rokkatei.co.jp **영업** 10:00~17:30 **휴무** 부정기 **가는 방법** 시영지하철 토자이 東西線 삿포로 さっぽろ역 3번 출구에서 도보 5분. **주차장** 없음 **키워드** 롯카테이 삿포로본점

ACCOMODATION
삿포로의 숙소

JR 타워 호텔 닛코 삿포로 JRタワーホテル日航札幌 `4성급`

일본의 숙박 예약 홈페이지 '자란 じゃらん'에서 숙박객들이 뽑은 최고의 홋카이도 숙소 1위에 빛나는 호텔. 삿포로 札幌역과 연결돼 교통이 편리하고, 삿포로 시내가 한눈에 보이는 JR타워에 자리해 객실에서 보이는 전망이 훌륭하고 조식이 뛰어나다는 평을 얻고 있다.

지도 P.147-C2 **발음** 제이아루호테루닛코삿포로 **주소** 札幌市中央区北5条西2-5 **전화** 011-251-2222 **홈페이지** www.jrhotels.co.jp/tower **요금** ¥25,000~ **체크인** 15:00 **체크아웃** 11:00 **가는 방법** JR 삿포로 札幌역 남쪽 출구에서 바로 연결. **키워드** jr타워 호텔 닛코 삿포로

삿포로 그랜드 호텔 札幌グランドホテル `4성급`

삿포로 札幌역과 오도리 大通역 사이에 위치한 호텔. 삿포로 주요 관광명소를 도보로 이동할 수 있으며, 삿포로역 지하상가와도 바로 연결돼 편리하다. 특히 퀄리티 높은 조식이 인기가 높은데, 일식과 양식 중 선택할 수 있다.

지도 P.147-C4 **발음** 삿포로그란도호테루 **주소** 札幌市中央区北1条西4 **전화** 011-261-3311 **홈페이지** www.grand1934.com **요금** ¥15,000~ **체크인** 15:00 **체크아웃** 11:00 **가는 방법** JR 삿포로 札幌역 남쪽 출구에서 도보 8분. **키워드** 삿포로 그랜드 호텔

크로스 호텔 삿포로 クロスホテル札幌 `4성급`

깔끔하면서도 감각적인 디자인이 돋보이는 호텔. 이 호텔의 하이라이트는 최상층에 위치한 대욕장이다. 삿포로의 상징인 삿포로 티비탑이 한눈에 보이는 환상적인 전망을 배경으로 즐길 수 있는 노천 온천이 매력적. 삿포로 관광을 안내하는 콘시어지 Concierge 서비스를 제공한다.

지도 P.147-C3 **발음** 크로스호테루삿포로 **주소** 札幌市中央区北2条西2-23 **전화** 011-272-0010 **홈페이지** www.crosshotel.com/sapporo **요금** ¥21,000~ **체크인** 15:00 **체크아웃** 11:00 **가는 방법** JR 삿포로 札幌역 남쪽 출구에서 도보 5분. **키워드** 크로스 호텔 삿포로

삿포로 프린스 호텔 札幌プリンスホテル `4성급`

일본 유명 호텔 체인의 삿포로 지점으로, 원형 모양의 독특한 건물이 인상적이다. 여독을 풀 수 있는 노천 온천(성인 ¥500, 4~11세 ¥350)과 홋카이도 제철 재료를 사용한 다양한 메뉴로 호평을 받는 조식 뷔페가 인기다. 삿포로 札幌역과 호텔을 오가는 무료 셔틀버스를 운행한다.

지도 P.148-A3 **발음** 삿포로프린스호테루 **주소** 札幌市中央区南2条西11 **전화** 011-241-1111 **홈페이지** www.princehotels.co.jp/sapporo **요금** ¥13,000~ **체크인** 15:00 **체크아웃** 11:00 **가는 방법** 시영지하철 토자이東西선 니시주잇초메西11丁目역 2번 출구에서 도보 3분. **키워드** 삿포로 프린스 호텔

솔라리아 니시테츠 호텔 삿포로 ソラリア西鉄ホテル 札幌 `4성급`

현지인은 물론 한국인 여행자에게 이미 알려질 대로 알려진 호텔 체인의 삿포로 지점. JR전철 삿포로 역에서 도보 5분, 지하철 남북선 삿포로 역에서 도보 2분이면 도착하는 탁월한 위치를 자랑한다. 호텔 건물 지하 1층에 숙박객 전용 대욕장이 있어 호평을 얻고 있다.

지도 P.146-B2 ▶ **발음** 소라리아니시테츠호테루삿포로 **주소** 札幌市中央区北4条西5-1-2 **전화** 011-208-5555 **홈페이지** nnr-h.com/solaria/sapporo **요금** ¥12,000~ 체크인 15:00 체크아웃 11:00 **가는 방법** JR 삿포로 역 남쪽 출구에서 도보 5분 **키워드** 솔라리아 니시테츠 호텔 삿포로

리치몬드 호텔 삿포로 에키마에 リッチモンドホテル札幌駅前 `3성급`

일본 호텔 고객 만족도 지수(JCSI)에서 3년 연속 1위를 차지한 호텔. 전 객실 공기청정기 배치, 가성비 좋은 어메니티 제공, 더블베드를 비치한 싱글룸이 특징이다. 시영지하철 삿포로 さっぽろ역 바로 앞에 위치한다. 체크인 시 로비에 있는 기계를 사용해 결제하는 시스템도 독특하다.

지도 P.147-C3 ▶ **발음** 리치몬도호테루삿포로에키마에 **주소** 札幌市中央区北3条西1-1-7 **전화** 011-218-8555 **홈페이지** richmondhotel.jp/sapporo-ekimae **요금** ¥12,000~ 체크인 14:00 체크아웃 11:00 **가는 방법** JR 삿포로 札幌역 남쪽 출구에서 도보 7분. **키워드** 리치몬드 호텔 삿포로 에키마에

호텔 그레이스리 삿포로 ホテルグレイスリー札幌 `3성급`

다이마루 삿포로점 大丸札幌店과 마주 보고 있는 호텔로, 전면이 유리로 된 독특한 외관을 자랑한다. JR 삿포로 札幌역 지하 통로로 바로 연결돼 접근성이 편리하다. 삿포로 관광 정보를 고객 맞춤으로 제공하는 콘시어지 서비스가 좋은 평가를 받고 있다. 프런트 데스크는 7층에 위치한다.

지도 P.146-B2 ▶ **발음** 호테루그레이스리삿포로 **주소** 札幌市中央区北四条西4-1 **전화** 011-251-3211 **홈페이지** gracery.com/sapporo **요금** ¥7,500~ 체크인 14:00 체크아웃 11:00 **가는 방법** JR 삿포로 札幌역 남쪽 출구에서 도보 2분. **키워드** 호텔그레이스리 삿포로

도미 인 프리미엄 삿포로 ドーミーインPREMIUM札幌 `3성급`

일본은 물론 우리나라에도 지점을 보유한 호텔 체인. 노면전차 다누키코지 狸小路, 시영지하철 스스키노역에서 가깝다. 사우나를 갖춘 대욕장, 일식과 양식이 풍부한 조식, 저녁에 무료로 제공되는 소바 등이 특징. 출입구 한쪽이 상점가 아케이드 안에 있어 날씨가 궂은 날에도 찾아가기 쉽다.

지도 P.148-B3 ▶ **발음** 도오미인프레미아무삿포로 **주소** 札幌市中央区南2条西6-4-1 **전화** 011-232-0011 **홈페이지** dormy-hotels.com/ko/dormyinn/hotels/premium_sapporo **요금** ¥20,000~ 체크인 15:00 체크아웃 11:00 **가는 방법** 토자이 東西선 스스키노 すすきの역 2번 출구에서 도보 10분. **키워드** 도미 인 프리미엄 삿포로

호텔 게이한 삿포로 ホテル京阪札幌 `3성급`

삿포로 札幌역에서 도보 4분 거리에 위치한 호텔. 삿포로역 근처에 묵고 싶으나 역 근처의 시끌벅적한 분위기가 싫은 사람에게 제격이다. 다양한 훗카이도 특선 요리를 제공하는 조식과 코인세탁기, 택배 서비스, 아기 관련 물품 대여 등의 서비스를 제공한다.

지도 P.146-A2 **발음** 호테루케에한삿포로 **주소** 札幌市北区北6条西6-1-9 **전화** 011-758-0321 **홈페이지** www.hotelkeihan.co.jp/sapporo **요금** ￥10,000~ 체크인 15:00 체크아웃 11:00 **가는 방법** JR 삿포로 札幌역 서쪽 출구에서 도보 4분. **키워드** 호텔 게이한 삿포로

호텔 멧츠 삿포로 JR東日本ホテルメッツ札幌 `3성급`

전 객실에 화장실과 욕실을 별도로 설치하였으며, 미국의 수면 침구 전문 브랜드 시몬스 침대의 침구를 사용하여 편안함을 추구했다. 호텔 내 조명에도 각별히 신경을 쓰고 역세권에 위치하는 점 등 전체적으로 휴식에 초점을 맞추었다.

지도 P.147-C1 **발음** 호테루멧츠삿포로 **주소** 札幌市北区北7条西2丁目5-3 **전화** 011-729-0011 **홈페이지** www.hotelmets.jp/sapporo **요금** ￥11,500~ 체크인 15:00 체크아웃 11:00 **가는 방법** JR 삿포로 札幌역 북쪽 출구에서 도보 2분. **키워드** mets sapporo

호텔 WBF 삿포로 추오 ホテルWBF札幌中央 `3성급`

지하철 오오도오리역은 물론이고 오오도오리 공원, 니조시장, 타누키코지 상점가 등 주요 명소에서 인접하여 편리한 접근성을 자랑하는 호텔. 천장이 높고 여타 비즈니스 호텔보다 비교적 넓은 객실이 특징이다. 니조시장에서 즐기는 해산물조식도 있으니 참고하자.

지도 P.149-D2 **발음** 오모스리삿포로스스키노 **주소** 札幌市中央区南2条西1丁目2-2 **전화** 011-290-3000 **홈페이지** www.hotelwbf.com/sapporo-chuo **요금** ￥15,000~ 체크인 15:00 체크아웃 11:00 **가는 방법** 시영지하철 오오도오리 大通역 35번 출구에서 도보 1분. **키워드** hotel WBF sapporo chuo

토큐스테이 삿포로 오도리 東急ステイ札幌大通 `3성급`

삿포로의 가장 큰 중심가인 오오도오리에 위치한 신규 오픈 호텔. 모든 객실에 세탁건조기와 전자레인지를 설치해 두었으며, 일부 객실에는 소규모 주방시설과 간단한 조리기구, 식기도 구비되어 있다. 중장기 숙박 고객들이라면 쾌적하게 이용할 수 있는 곳이다.

지도 P.149-C2 **발음** 토오큐우스테이삿포로오오도오리 **주소** 札幌市中央区南二条西5-26-2 **전화** 011-200-3109 **홈페이지** www.tokyustay.co.jp/hotel/SPO **요금** ￥10,000 체크인 15:00 체크아웃 11:00 **가는 방법** 시영지하철 오오도오리 大通역 3번 출구에서 도보 3분. **키워드** 도큐스테이 삿포로 오도리

호텔 리브맥스 삿포로 스스키노 ホテルリブマックス札幌すすきの 3성급

2019년 1월에 새롭게 문을 연 비지니스 호텔. 영국 왕실이 인증한 영국 침구 브랜드 '슬럼버랜드 Slumberland'을 사용하여 안락함을 추구하며, 모던하면서도 일본의 전통미가 느껴지는 실내 디자인을 사용해 일본의 아름다움을 강조하였다.

지도 P.149-C4 발음 호테루리브막스삿포로스스키노 **주소** 札幌市中央区南7条西6-4-1 **전화** 011-552-9200 **홈페이지** www.hotel-livemax.com/sp/hokkaido/sapporo_susukino **요금** ￥8,000~ 체크인 15:00 체크아웃 10:00 **가는 방법** 시영지하철 스스키노すすきの역 5번 출구에서 도보 8분. **키워드** hotel livemax susukino

컴포트 호텔 삿포로 스스키노 コンフォートホテル札幌すすきの 2성급

전 세계 호텔 수 2위를 자랑하는 호텔 체인의 스스키노지점. 무료 조식과 웰컴 드링크 제공을 비롯해 전 객실 금연을 내세워 섬세한 서비스를 지향한다. 객실 내 가습기 겸 공기청정기를 구비해 두었고 호텔 내 동전세탁기가 놓여져 있다.

지도 P.149-D3 발음 콘포오토호테루삿포로스스키노 **주소** 札幌市中央区南5条西1-2-10 **전화** 011-513-4111 **홈페이지** www.choice-hotels.jp/hotel/sapporosusukino **요금** ￥10,000~ 체크인 12:00 체크아웃 12:00 **가는 방법** 시영지하철 호스이스스키노 豊水すすきの역 5번 출구에서 도보 1분. **키워드** 컴포트 호텔 삿포로 스스키노

텐 토 텐 삿포로 스테이션 Ten to Ten Sapporo Station 2성급

삿포로 札幌역에서 도보 10분 거리에 있는 호스텔. 지하 1층부터 3층까지 도미토리, 개인실로 이루어져 있으며, 이밖에도 코인세탁기, 독서 공간, 카페 겸 바 등의 부대시설을 갖춘 대형 호스텔이다.

지도 P.146-A2 발음 텐토텐삿포로스테에숀 **주소** 札幌市北区北6条西8丁目3-4 **전화** 011-214-1164 **요금** ￥4,000~ 체크인 16:00 체크아웃 11:00 **가는 방법** JR 삿포로 札幌역 서쪽 출구에서 도보 10분. **홈페이지** tentotenten.com/hostel/sapporostation **키워드** 텐 투 텐 삿포로 스테이션

> **Tip 삿포로의 숙박세와 입탕세 제도**
>
> 숙박세는 삿포로에 위치한 호텔 또는 료칸, 호스텔에 숙박하는 투숙객에게 부과하는 세금으로 2026년 4월 1일부터 시행될 예정이다. 결제한 금액이 1인 1박당 5만엔 미만이면 ￥200, 5만엔 이상이면 ￥500을 지불한다. 숙박세는 결제한 최종 숙박비에 포함되어 있는 경우가 있으며, 그렇지 않은 경우 체크인 또는 체크아웃 시 별도로 지불하는 방식이다. 또한 료칸이나 온천 시설을 이용하는 경우에 지불하는 입탕세 제도를 시행하고 있다. 1박당 ￥150, 당일치기는 ￥100을 지불하면 된다.

PLUS AREA

시코츠 호수 支笏湖

반나절 코스로 즐길 만한 근교 여행지로 추천하는 호수. 삿포로에서 대중교통으로 1시간이면 도착하는 시코츠 호수는 동서로 기다란 형태를 한 칼데라호다. 평균 수심 265m, 최대 수심은 363m로 일본에서는 두 번째, 홋카이도에서는 가장 깊은 호수다. 호수 속이 훤히 보일 정도로 투명하며 워낙 깊어 한겨울에도 절대 얼지 않는 곳으로 알려져 있다. 안개가 거의 끼지 않아 맑은 날이면 푸르고 선명한 정경을 선사하는데, 호수 앞 보트 선착장 건너편 왼편에 보이는 훗푸시산 風不死岳과 타루마에산 樽前山, 그리고 오른편에 있는 에니와산 恵庭岳 등 시코츠 3대 산이라 불리는 활화산들이 자리 잡고 있어 더욱 아름답게 느껴진다. 호숫가에서 가만히 바라보는 것도 좋지만 직접 자신이 배를 운전하는 오리 모양의 페달보트나 호수 속도 들여다볼 수 있는 수중유람선을 타면 한층 더 재미있게 즐길 수 있다.

발음 시코츠코 **주소** 千歳市支笏湖温泉 **전화** 0123-25-2404(시코츠코비지터센터) **가는 방법** JR 치토세역 千歳駅 또는 미나미치토세역 南千歳駅 3번 버스 정류장에서 홋카이도 추오버스 北海道中央バス 시코츠코 支笏湖행에 승차하여 종점인 시코츠코 支笏湖 정류장에서 하차. 약 50분 소요. **주차장** 1회 ¥410, 12-3월 승용차 무료 **키워드** 시코쓰호

● 시코츠 호수 액티비티

	수중유람선	페달보트
소요시간	30분	30분
요금	성인 ￥2,000, 초등학생 ￥1,000	￥1,000
승객정원	50명	2~4명
운항시간	08:40~17:10, 30분 간격	항시 운항

훗카이도산 우유로 만들어 진한 아이스크림

먹음직스럽게 구운 옥수수

PLUS AREA

조잔케이 온천 定山渓温泉

사계절의 변화가 뚜렷한 자연과 아름다운 계곡이 어우러진 온천마을. '삿포로의 안방'이라 불릴 정도로 삿포로 사람들은 당일치기나 주말여행으로 자주 이곳을 찾는다. 1866년 미이즈미 조잔 美泉定山이라는 수도승이 원천을 발견하고 온천욕으로 병을 고치는 탕치장을 연 것에서 유래했다고 전해진다. 56곳의 원천 중 4곳의 수족탕이 온천 거리에 모여 있어 가벼운 마음으로 온천을 즐길 수 있는데, 미이즈미 죠잔의 탄생 200주년을 기념하여 만들어진 조잔겐센 공원 定山源泉公園에서도 손과 발을 담그거나 온천 달걀을 만들 수 있는 시설을 설치해 무료로 즐길 수 있다. 신경통과 위장병에 좋다고 하니 꼭 한 번 체험해볼 것. 오색 단풍으로 물든 빼어난 풍광으로 유명한 후타미츠리바리 二見吊橋도 빼놓을 수 없는 볼거리다.

발음 죠오잔케에온센 **주소** 札幌市南区定山渓温泉 **전화** 011-598-2012(조잔케이 관광협회) **가는 방법** JR 삿포로 札幌역 버스 터미널 12번 버스정류장에서 7번 또는 8번 조잔케이 定山渓행에 승차하여 조잔케이 유노마치 定山渓湯の町에서 하차, 60-80분 소요. **주차장** 조잔케이 스포츠공원 定山渓スポーツ公園 무료 주차장 이용 **키워드** jojankei onsen

삿포로에서
떠나는
당일치기
근교 여행

삿포로의 매력을 만끽했다면 주변의 아름다운 근교 도시들로 발걸음을 넓혀보자. 홋카이도의 진정한 매력은 삿포로 너머에 펼쳐진 자연과 문화 속에 숨어있다. 반나절에서 하루면 충분히 즐길 수 있는 오타루와 후라노·비에이는 삿포로 여행의 완성도를 한층 높여줄 보석 같은 여행지들이다.

낭만의 항구도시
오타루
小樽

삿포로에서 서쪽으로 약 40km 떨어진 오타루는 메이지 시대의 향수가 가득한 항구도시다. 19세기 말 홋카이도 개척의 관문 역할을 했던 이곳은 당시 건설된 석조 창고와 운하가 그대로 보존되어 독특한 분위기를 자아낸다. 특히 석양이 질 무렵 오타루 운하를 따라 켜지는 가스등은 일본에서도 손꼽히는 낭만적인 풍경으로 유명하다.
오타루 운하 주변에는 과거 해운업으로 번성했던 시절의 석조 창고들이 카페, 음식점, 기념품점으로 변신해 관광객들을 맞이한다. 메인 스트리트인 사카이마치 거리에서는 오타루의 특산품인 유리공예품과 오르골을 구경할 수 있다. 100년이 넘는 전통을 자랑하는 키타이치 글래스나 오타루 오르골당은 꼭 들러 볼 만한 명소다.

오타루로 이동하기

| 삿포로 | 방법❶ 열차 35~50분(JR 삿포로역 출발)
방법❷ 열차 1시간 15분~1시간 25분(신치토세 공항 출발)
방법❸ 버스 1시간 5분 | 오타루 |

열차

홋카이도 여행의 동선을 고려했을 때 가장 무난한 것이 삿포로에서 오타루로 이동하는 것이다. JR 삿포로 札幌역에서 오타루 小樽행 쾌속 에어포트·이시카리라이너 快速エアポート·いしかりライナー를 탑승하면 50분 이내로 도착한다. JR 오타루 小樽역 인근에 오타루 운하, 사카이마치 거리 등 주요 관광지가 위치하고 있어 접근성도 좋다. 삿포로 신치토세 新千歳 공항에서도 JR 열차를 통해 오타루로 가는 직통열차 쾌속에어포트를 운행하므로 여행 첫 시작을 오타루로 잡아도 문제없다.

<u>소요시간</u> 삿포로역 출발 기준 약 35~50분, JR 신치토세 공항 출발 기준 1시간 15분~1시간 25분 <u>요금</u> (JR 삿포로역 출발기준)편도 ¥750, (신치토세공항 출발기준) 편도 ¥1,910

> **Tip** 삿포로→오타루 열차를 탑승한다면!
> 삿포로에서 출발한 JR전철 오타루행 열차를 탑승했을 때 꿀팁! 이시카리만 石狩湾 해안선을 따라 달리는 열차 속 차창은 탁 트인 시야에서 맑고 투명한 바다를 감상하기에 제격이다. 바다를 보다 가까이서 느끼고 싶다면 오른편 좌석에 착석할 것! 돌아오는 길은 자연스레 반대 방향인 왼편 좌석이 추천이다.

버스

JR 삿포로역 앞 버스 터미널에서 출발하는 고속오타루호 高速おたる号가 있다. 성인 기준 편도 요금 ¥730으로 열차 편도 요금보다 저렴하며, 왕복 요금은 ¥1,360으로 열차 왕복보다 ¥140 저렴하게 이용할 수 있다. 또 삿포로와 오타루 간 버스 왕복 승차권과 오타루 시내 버스 1일 승차권이 포함된 '오타루 1일 프리세트 小樽1日フリーセット'를 이용하면 ¥2,000(어린이 ¥1,000) 가격으로 더 이득이다.

오타루 시내 교통수단

버스

오타루는 대부분 관광명소가 중심지에 한데 모여 있어 도보만으로도 충분히 둘러볼 수 있지만, 텐구산 天狗山 전망대, 오타루 수족관 小樽水族館과 같은 시내에서 조금 떨어진 관광지를 갈 때, 여러 번 갈아타고 오랜 시간 걷기 싫다면, 버스를 이용하자. 텐구산 전망대와 오타루 수족관은 전용 버스 노선을 운행 중이며, 오타루 운하 터미널 또는 JR 오타루 小樽역 앞 버스 터미널에서 승차할 수 있다. 오타루의 주요 관광지를 순환하는 오타루 산책 버스 おたる散策バス는 JR 오타루역 앞 버스 터미널을 출발해 오타루 운하 小樽運河, 사카이마치 거리 堺町通り, 키타이치 글래스 北一硝子, 메르헨 광장 メルヘン広場, 키타이치 베네치아 미술관 北一ヴェネツィア美術館 순으로 운행하므로 편리하게 이동할 수 있다(1회 탑승 요금은 성인 ￥240, 어린이 ￥120). 이외에도 오타루 시내를 달리는 모든 버스를 하루 동안 자유롭게 이용 가능한 1일 승차권도 판매한다(요금은 성인 ￥800, 어린이 ￥400). 텐구산 로프웨이 왕복 승차권과 시내버스 1일 승차권이 하나된 '오타루 텐구산 세트권 小樽天狗山セット券(성인 ￥2,050, 어린이 ￥1,020)'도 오타루 버스 터미널에서 구매할 수 있다.

오타루 산책 버스

추천 일정

삿포로 출발 → 오타루 삼각시장 → 구 테미야선 기찻길 → 오타루 운하 → 사카이마치 거리 → 오타루 데누키코지 → 오타루 오르골당 → 삿포로 복귀

Tip 오타루에서만 만날 수 있는 것

❶ 1880년 개통한 홋카이도의 첫 철도선으로 1985년까지 오타루와 삿포로를 오갔던 테미야선 手宮線이 그대로 남아 산책로로 이용되고 있다. 510m 철로 위에서 포토제닉한 사진을 남겨보는 것도 좋다.

❷ 오타루의 명물로 떠오른 인력거! 옛 정취가 물씬 풍기는 오타루 거리 곳곳을 멋진 청년 샤후(俥夫; 인력거를 끄는 사람)들이 안내한다. 오타루 운하를 약 10분간 달리는 1구간부터 30, 60, 120분간 오타루의 구석구석을 달리는 코스까지 다양하게 즐길 수 있다.
인력거 업체 에비스야 えびす屋 홈페이지 ebisuya.com/branch/otaru

❸ JR 오타루역에서 오타루 운하까지는 쭉 내리막길로 되어 있다. 명소를 둘러보며 운하로 가기엔 편리하지만 반대로 관광을 끝내고 역으로 돌아올 땐 오르막길이다. 도보 이동으로 몸이 피로한 상태라면 버스를 이용하자.

오타루 운하 小樽運河

1923년 완성되어 홋카이도 개척 시절엔 물자 운송의 거점으로, 1980년대 이후부터는 오타루 관광산업의 계기가 된 곳으로 여전히 존재감을 발휘하고 있다. 옛 향수를 불러일으키는 아기자기한 풍경들이 눈앞에 펼쳐져 현지인은 물론 관광객에게도 반응이 좋다. 잘 정비된 돌담길을 거닐며 산책하기에도 제격이지만 진정한 운하의 매력을 느끼기에는 크루즈만 한 것이 없다. 운하가 시작되는 아사쿠사다리 浅草橋와 끄트머리에 있는 북운하 北運河(P.103)를 40분간 왕복하며 운하 구석구석을 구경할 수 있다.

지도 P.99 **발음** 오타루운가 **주소** 小樽市港町 **가는 방법** JR 오타루 小樽역에서 도보 10분. **주차장** 없음 **키워드** 오타루 운하

❶ 운하를 따라 늘어서 있는 창고들. 현재는 상업시설이 들어서 있다. ❷ 운하 옆 돌담길. ❸ 특유의 운치 있는 분위기를 선사하는 해 질 무렵 오타루 운하의 모습 ❹ 운하 옆 산책길, 아름다운 오타루 운하의 풍경을 화폭에 담고 있는 화가의 모습.

⁺Plus 오타루 운하 구석구석 들여다보기

오타루 운하 크루즈 小樽運河クルーズ
JR 오타루 小樽역에서 운하를 향해 쭉 내려오면 마주하는 중앙다리에 선착장이 있다. 09:00부터 30분 간격으로 운항하는 크루즈는 운하의 시작점인 아사쿠사다리 浅草橋와 오타루항을 거쳐 북운하 北運河까지 갔다가 돌아오는 코스로 되어 있다. 이 크루즈 덕분에 1920년대 당시 물류창고에 짐을 실어 나르던 작은 배들을 간접적으로나마 체험해볼 수 있다.

발음 오타루운가크루우즈 **주소** 小樽市港町5-4 **전화** 0134-31-1733 **홈페이지** otaru.cc **운영** 10:00~19:00(계절에 따라 조금씩 변동) **휴무** 연중무휴 **요금** [데이 크루즈] 중학생 이상 ¥1,800, 초등학생 이하 ¥500, [나이트 크루즈] 중학생 이상 ¥2,000, 초등학생 이하 ¥500 **키워드** otaru canal cruise

북운하 北運河

관광객들로 붐비는 오타루 운하에서 조금 더 시야를 넓히면 사뭇 다른 분위기의 운하를 만나볼 수 있다. 산책로를 따라 길 끝까지 가다 보면 갑작스러운 고요하고 한적한 풍경이 나타나는데 사실 이 부근이 옛 모습에 가장 가깝다고 한다. 휴식을 취할 수 있도록 공원이 조성되어 있으며 옛 건축양식에 맞춰 복원한 석조창고는 카페나 잡화점으로 활용되고 있다.

발음 키타운가 **주소** 小樽市色内3 **가는 방법** 오타루 운하 크루즈 선착장에서 도보 10분. **키워드** unga park otaru(운하공원 기준)

사카이마치 거리 堺町通り

오타루 운하 동쪽에 위치한 오타루 운하 버스 터미널 小樽運河ターミナル부터 메르헨 광장 メルヘン広場까지 이어지는 1km 길이의 상점가. 절로 카메라 셔터를 누르게 되는 귀여운 근대 건축물이 빼곡히 들어서 있다. 오타루만의 독특한 기념품인 오르골, 유리공예품을 전문으로 한 잡화점과 홋카이도를 대표하는 달콤한 디저트전문점이 손님을 맞이한다. 상점가를 이루는 건물들 사이로 레트로 감성이 물씬한 골목길이 자리하니 기념 촬영으로도 안성맞춤이다.

지도 P.99 **발음** 사카이마치도오리 **홈페이지** otaru-sakaimachi.com **키워드** sakaimachihondori

> **Tip** 무료 Wi-Fi & 상점가 관광안내소
>
> 사카이마치 거리에서는 무료 Wi-Fi를 제공한다. 지정된 Wi-Fi 네트워크(Otaru_Free_Wi-Fi)에 접속하면 등장하는 페이지에 간단한 신상 정보를 기입하면 무료 Wi-Fi를 이용할 수 있다. 오타루 관광 정보를 얻고 싶다면 메르헨 광장에서 사카이마치 거리 안으로 더 들어오면 등장하는 상점가 관광안내소를 이용해보자. 관광 안내 팸플릿, 무료 인터넷 사용, 무료 우산 대여 등을 제공한다.

사카이마치 거리 주요 관광 명소

키타이치 글래스 北一硝子

1901년 창업한 유리공예품 전문 노포. 오타루의 전통과 역사를 반영한 오리지널 유리제품을 전시, 판매한다. 일본 전통, 서양, 컨트리 등 장르별로 나뉘어 있다. 167개의 화려한 샹들리에가 내부를 수놓은 카페 키타이치홀 北一ホール도 운영한다.

발음 키타이치가라스 **주소** 小樽市堺町7-26 **전화** 0134-33-1933 **홈페이지** www.kitaichiglass.co.jp **운영** 09:00~18:00(키타이치 홀 09:00~17:30) **휴무** 연중무휴 **가는 방법** JR 미나미오타루 南小樽역에서 도보 9분. **주차장** 1시간 ¥300, 20분마다 ¥100 추가. ¥2,000 이상 구입 시 2시간 무료 **키워드** 기타이치홀

오타루 오르골당 본관
小樽オルゴール堂本館

2만 5,000점의 오르골을 판매하는 전문점. 건물 앞에 우뚝 자리한 시계탑 모양의 조형물은 이곳의 상징인 증기시계를 본떠 만든 오르골이다. 1,000엔대의 부담 없는 가격부터 몇십만 엔의 고가 오르골까지 가격대는 천차만별.

발음 오타루오르고오르도오혼칸 **주소** 小樽市住吉町4-1 **전화** 0134-22-1108 **홈페이지** www.otaru-orgel.co.jp **운영** 09:00~18:00 **휴무** 연중무휴 **가는 방법** JR 미나미오타루 南小樽역에서 도보 7분. **주차장** 없음 **키워드** 오타루 오르골 상점

키타이치 베네치아 미술관
北一ヴェネツィア美術館

이탈리아 베네치아의 유리작품이 전시된 미술관. 그라시 궁전을 모델로 한 건물 내부는 베네치아의 문화적 전성기였던 18세기 생활양식을 그대로 재현했으며, 3,000여 점의 작품을 전시한다.

발음 키타이치베넷찌아비쥬츠칸 **주소** 小樽市堺町5-27 **전화** 0134-33-1717 **홈페이지** www.venezia-museum.or.jp **요금** 성인 ¥700, 고등·대학생 ¥500, 초등·중학생·65세 이상 ¥350 **운영** 09:00~17:30(마지막 입장 16:30) **휴무** 작품교체일(홈페이지 참조) **가는 방법** JR 미나미오타루 南小樽역에서 도보 10분. **주차장** 1시간 ¥300, 20분마다 ¥100 추가 **키워드** 기타이치 베네치아 미술관

+Plus 사카이마치 거리 집중 해부

오타루 데누키코지 小樽出抜小路
오타루 운하 초입에 자리한 먹거리 골목. 옛 오타루의 골목 풍경을 재현하여 안쪽으로 20여 개의 식당이 모여 있다. 홋카이도의 대표 요리인 징기스칸, 해산물덮밥, 라멘 등을 비롯해 다양한 음식을 골라 먹을 수 있다.

오타루 낭만관 小樽浪漫館
유리와 천연석으로 만든 액세서리를 취급하는 잡화점. 1908년에 지어진 은행 건물을 사용하고 있다.

타이쇼 유리관 본점 大正硝子館本店
유리공예품이 가장 우수했던 시기인 1920년대 타이쇼 大正 시대를 이름 딴 유리공예 전문점.

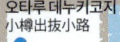
오타루 운하

- 오타루 데누키코지 小樽出抜小路
- 오타루 운하 버스 터미널 小樽運河ターミナル
- 타이쇼 유리관 본점 大正硝子館本店
- 오르골당 카이메이로 사카이마치점 オルゴール海鳴楼 堺町店
- 불로관 不老館
- 오타루 낭만관 小樽浪漫館
- 리시리야미노야 본점 利尻屋みのや本
- 오타루 이시노쿠라 Otaru Ishino Kura
- 출세전 광장 出世前広場
- 에이로쿠 스시집 小樽 味の栄六 (안쪽에 위치)
- 로손 Lawson (편의점)
- 라멘 리큐테이 ラーメン利久亭
- 약국
- 스시 사이코 鮨処西功
- 이로나이 色内 대로
- 시립 오타루 문학관 市立小樽文学館
- 일본은행 구 오타루지점 금융자료관 日本銀行旧小樽支店 金融資料館

불로관 不老館
홋카이도에서 잡은 다시마를 가공한 다양한 제품을 판매하는 전문점.

출세전 광장 出世前広場
130년의 역사를 품은 건물들이 즐비한 작은 광장. 포토 스폿으로 인기가 높다.

르타오 본점 ルタオ本店

오타루를 대표하는 디저트 브랜드의 본점.

메르헨 광장 メルヘン広場

5차선이 오가는 교차로에 위치한 광장. 목조등대를 석조로 재현한 상야등이 이곳의 포인트.

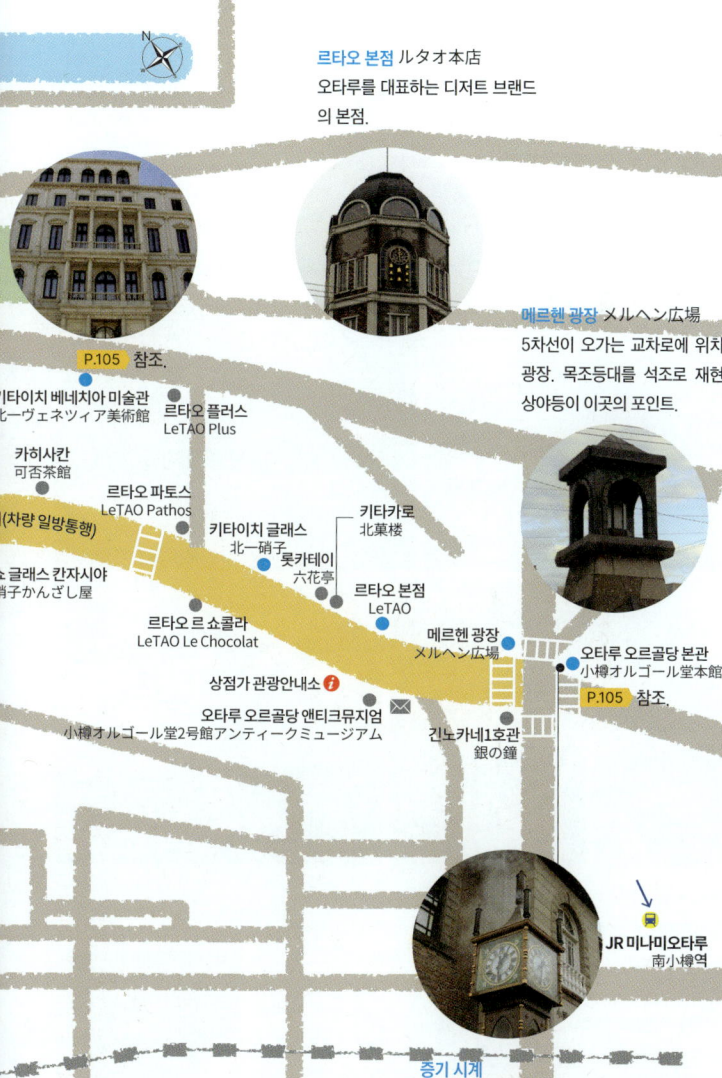

P.105 참조.

- 이타이치 베네치아 미술관
  ヴェネツィア美術館
- 르타오 플러스 LeTAO Plus
- 카히사칸 可否茶館
- 르타오 파토스 LeTAO Pathos
- 키타이치 글래스 北一硝子
- 롯카테이 六花亭
- 키타카로 北菓楼
- 르타오 본점 LeTAO
- (차량 일방통행)
- 글래스 칸자시야 硝子かんざし屋
- 르타오 르 쇼콜라 LeTAO Le Chocolat
- 상점가 관광안내소
- 오타루 오르골당 앤티크뮤지엄 小樽オルゴール堂2号館アンティークミュージアム
- 메르헨 광장 メルヘン広場
- 긴노카네1호관 銀の鐘
- 오타루 오르골당 본관 小樽オルゴール堂本館
- P.105 참조.
- JR 미나미오타루 南小樽역

증기 시계

본관 앞에 설치된 증기시계는 인증샷 장소로 많은 사랑을 받고 있는 기념물. 1977년에 제작되어 40년이 지난 지금도 매 15분마다 증기를 내뿜는 동시에 멜로디가 흘러나오고 한 시간마다 시간을 알리는 등 여전히 제 역할을 톡톡히 해내고 있다.

텐구산 전망대 天狗山 展望台

해발 532m의 텐구산 정상에 설치된 전망대. 오타루 시내와 접한 이시카리만 石狩湾이 시원스럽게 펼쳐진다. 여느 전망대와 마찬가지로 낮보다 밤에 관광객이 몰리는 편인데, 삿포로의 모이와산 もいわ山, 하코다테의 하코다테산 函館山과 더불어 홋카이도 3대 야경 스폿으로 꼽힌다. 로프웨이역 옥상에 있는 옥상 전망대와 인근에 있는 제1 전망대와 텐구사쿠라 전망대, 20~30분의 작은 산책로 산림욕 코스 山林浴コース에 있는 제2·3 전망대 등 총 다섯 군데에서 내려다볼 수 있다. 역 내부에는 일본 전설에 등장하는 괴물 '텐구 天狗' 700여 점과 오타루가 사랑하는 스포츠 스키에 관한 전시가 열리고 있다.

지도 P.99 **발음** 텐구야마텐보우다이 **주소** 小樽市最上2-16-15 **전화** 0134-33-7381(텐구산로프웨이) **홈페이지** tenguyama.ckk.chuo-bus.co.jp **가는 방법** JR 오타루 小樽역 앞 버스 터미널 또는 오타루 운하 터미널에서 텐구산 로프웨이 天狗山ロープウェイ행 버스를 탑승하여 종점에서 하차. 시간당 2~3대 운행, 17~25분 소요. **주차장** 로프웨이역 150대 **키워드** tenguyama obseration deck 7381

Tip 전망대까지는 로프웨이 이용하기

텐구산 정상까지는 텐구산 로프웨이 天狗山ロープウェイ를 타고 이동한다. 로프웨이 산록 ロープウェイ山麓역에서 출발해 735m 거리를 단 4분 만에 도착하는 케이블카로, 12분 간격으로 운행한다.

발음 텐구산로오프웨이 **요금** 중학생 이상-왕복 ¥1,800, 편도 ¥1,080, 초등학생 이하-왕복 ¥900, 편도 ¥540(IC교통카드 이용 가능) **운영** 전망대행 09:00~20:48, 로프웨이 정류장행 09:00~21:00 **휴무** 11/6-4/14

소원이 이루어지는 텐구

로프웨이역 건너편에는 텐구 天狗 모형이 전시돼 있다. 텐구의 기다란 코를 만지면 소원이 이루어진다고 하는데, 교통안전, 사업번창, 학업성취 등의 효과가 있다고 한다.

발음 하나나데텐구

오타루 수족관 おたる水族館

250여 종류의 해양생물을 전시한 수족관. 2층으로 된 본관 本館, 돌고래쇼가 열리는 이루카 스타디움 イルカスタジアム, 다채로운 이벤트를 개최하는 해수공원 海獸公園으로 구성되어 있다. 반드시 관람해야 할 것 중 첫 번째는 이벤트다. 돌고래, 펭귄, 바다표범, 오타리아, 바다사자 등 각각의 동물들이 출연해 재롱을 부리는 특별쇼와 해수공원에서 수영장까지 나들이를 떠나는 펭귄들을 관찰할 수 있는 '펭귄의 바다로의 소풍 ペンギンの海まで遠足'을 매일 2~3번씩 개최한다. 풍선 모양의 깜찍한 바다 물고기 후센우오 フウセンウオ, 수족관의 마스코트라 할 수 있는 작은발톱수달 コツメカワウソ 등의 생물들도 꼭 한 번 만나보자.

지도 P.99 　발음 오타루스이족칸 주소 小樽市祝津3-303 전화 0134-33-1400 홈페이지 otaru-aq.jp 요금 고등학생 이상 ¥1,800, 초등·중학생 ¥700, 미취학 아동 ¥350, 2세 이하 무료 운영 3/15~10/15 09:00~17:00(마지막 입장 16:30), 10/16~11/24 09:00~16:00(마지막 입장 15:30) 휴무 11/25~12/12 가는 방법 JR 오타루 小樽역 앞 버스터미널 또는 오타루 운하 터미널에서 수족관 水族館행 버스에 탑승하여 종점에서 하차, 시간당 1~2대 운행, 25분 소요. 주차장 중형차 ¥800, 소형차 ¥600, 겨울은 무료 키워드 오타루 아쿠아리움

오타루 예술촌 小樽芸術村

오타루가 번성했던 20세기 초에 건축된 구 타카하시창고 旧高橋倉庫, 구 아라타상회 旧荒田商会, 구 미츠이은행 오타루지점 旧三井銀行小樽支店, 구 홋카이도 타쿠쇼쿠은행 오타루지점 旧北海道拓殖銀行小樽支店, 구 나니와창고 旧浪華倉庫를 전시관으로 활용해 과거를 화려하게 수놓은 일본과 세계의 뛰어난 미술품과 공예품을 전시하고 있다.

발음 오타루게에주츠무라 **주소** 小樽市色内1-3-1 **전화** 0134-31-1033 **홈페이지** www.nitorihd.co.jp/otaru-art-base **요금** 4관 공통권 성인 ￥2,900, 대학생 ￥2,000, 고등학생 ￥1,50,0 중학생 ￥1,000, 초등학생 ￥500 **운영** 5~10월 09:30~17:00(마지막 입장 16:30) 11~4월 10:00~17:00(마지막 입장 16:30) **휴무** 5~10월 매월 넷째 주 수요일 11~4월 매주 수요일(공휴일이면 다음날), 연말연시 **가는 방법** JR 오타루 小樽역에서 도보 10분 **주차장** 16대(4관 공통권 소지자 2시간 무료) **키워드** otaru art base

오타루 예술촌 주요 관광 명소

스테인드글라스 미술관 ステンドグラス美術館
(구 타카하시창고 旧高橋倉庫·구 아라타상회 旧荒田商会)

19세기 후반부터 20세기 초 사이 영국에서 제작되어 실제로 교회의 창문을 장식했으나 여러 사정으로 인해 철거된 스테인드글라스를 전시한 미술관. 스테인드글라스에 그려진 그림과 문자는 빅토리아 여왕이 통치하던 화려한 시대부터 에드워드 시대 그리고 제1차 세계대전으로 이어지는 영국의 역사가 응축되어 있다.

요금 성인 ￥1,000 대학생 ￥800 고등학생 ￥600 중학생 ￥500 초등학생 ￥300

사진촬영 가능하나 셀카봉, 삼각대, 플래시 사용 금지, 동영상 촬영 불가.

구 미츠이은행 오타루지점 旧三井銀行小樽支店

메이지 明治 말기부터 쇼와 昭和 초기에 걸쳐 북일본 제일의 경제 도시라 불렸던 금융의 거리, 오타루. 그 번영을 상징하는 구 미츠이 은행 오타루 지점은 묵직한 석조 르네상스 양식의 외관과 천장 석고 구조가 아름다운 내관은 일본 건축계를 선도한 소네쥬죠 曾禰中條 건축사무소 설계로지어졌다. 정해진 시간에 천장을 이용한 프로젝션 매핑 아트가 약 7분간 상영된다. 자세한 사항은 현장에서 확인할 수 있으며, 입장권 소지자는 상영시간에 맞춰 재방문도 가능하다.
요금 성인 ￥700 대학생 ￥500 고등학생 ￥400 중학생 ￥300 초등학생 ￥300

니토리 미술관 似鳥美術館 (구 홋카이도 타쿠쇼쿠은행 오타루지점 旧北海道拓殖銀行小樽支店)

오팔 유리와 무지개 빛으로 빛나는 파브릴 글라스 등 창조적인 유리 공예로 아르누보를 이끈 빛의 예술가 루이스 C 티파니의 대표 작품을 전시한다.
요금 성인 ￥1,500 대학생 ￥1,000 고등학생 ￥700 중학생 ￥500 초등학생 ￥300

서양미술관 西洋美術館 (구 나니와창고 旧浪華倉庫)

19세기 후반부터 20세기 초까지 서양에서 제작된 스테인드글라스와 아르누보 아르데코의 유리 공예품, 가구 등 서양미술품을 즐길 수 있다. 관내에 유리 공예를 비롯해 오타루의 기념품을 판매하는 전문점이 자리하고 있다.
요금 성인 ￥1,500 대학생 ￥1,000 고등학생 ￥700 중학생 ￥500 초등학생 ￥300

관내 유일하게 사진 촬영이 가능한 스테인드 글라스 전시관

+Plus 오타루 레트로 건축 산책

홋카이도 경제 중심지로서 번영을 누렸던 오타루. 일본은행 오타루 지점이 있던 이로나이 色内 지역에 은행, 상사, 해운업 건물이 자리를 차지하면서 금융가를 형성했다. 이 지역은 미국 뉴욕의 금융가 이름인 '월스트리트'를 본떠 북쪽의 월가를 뜻하는 애칭 '키타노월가 北のウォール街'로 불리기도 했다. 현재 회사는 모두 사라졌지만 당시의 건물들은 고스란히 남아 다른 업종의 점포로 쓰이고 있다.

일본은행 구오타루지점 금융자료관
日本銀行旧小樽支店金融資料館

키타노월가를 대표하는 건축물. 1912년 건축된 르네상스 양식의 건물로, 5개의 돔 지붕이 특징이다. 현재는 자료관으로 개방하여 일본은행의 역사와 업무, 금융시스템에 대해 소개한다. 옛날 지폐를 전시한 오사츠 갤러리 お札ギャラリー가 대표 볼거리.

발음 니혼긴꼬큐우오타루시텐킨유시료오칸 **주소** 小樽市色内1-11-16 **전화** 0134-21-1111 **홈페이지** www3.boj.or.jp/otaru-m **요금** 무료 **운영** 4~11월 09:30~17:00, 12~3월 10:00~17:00, ※마지막 입장 16:30 **휴무** 수요일(공휴일의 경우 개관), 12/29~1/5 **가는 방법** JR 오타루 小樽역에서 도보 10분. **주차장** 없음 **키워드** 구 일본은행 오타루점

Tip 이 밖에도 오타루 시내 곳곳에 복고풍 건축물이 포진해 있다. 이들을 기념하기 위해 오타루시에서는 역사적 건축물로 지정해 청동간판을 설치해놓았다. 이 표시가 된 것들은 유서 깊은 건축물이라고 보면 된다.

> 시립 오타루 문학관
> 市立小樽文学館

일본은행 구 오타루지점 금융자료관과 함께 키타노월가를 대표하는 건축물이다. '구 우정청 오타루 지방 저금국 旧郵政省小樽地方貯金局'으로 이용되던 건물을 재활용해 오타루와 관련된 문학가들과 작품들을 전시한 곳. 다양한 테마의 특별전시도 열린다.

발음 시리츠오타루분가쿠칸 **주소** 小樽市色内 1-9-5 **전화** 0134-32-2388 **홈페이지** otarubungakusha.com/yakata **요금** 무료(일부 전시 유료) **운영** 09:30~17:00 **휴무** 월요일, 공휴일 다음 날(주말인 경우 개관), 연말연시 **가는 방법** JR 오타루 小樽역에서 도보 9분. **주차장** 없음 **키워드** 오타루문학관

구 홋카이도 타쿠쇼쿠 은행 오타루지점
旧北海道拓殖銀行小樽支店 (1923년)

구 홋카이도 은행 본점
旧北海道銀行本店 (1912년)

구 다이이치 은행 오타루지점
旧第一銀行小樽支店 (1924년)

▶Plus 영화 속 풍경으로, 영화 〈러브레터〉의 촬영지를 찾아서

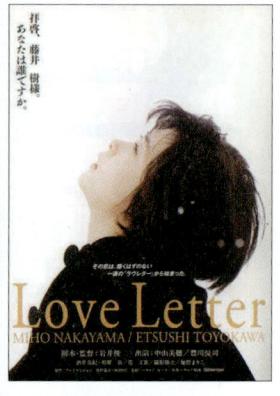

1995년에 만들어진 이와이 슌지 岩井俊二 감독의 첫 장편 영화 〈러브레터 Love Letter〉는 아마 한국인 사이에서 가장 인지도가 높은 일본 영화이자 다수의 팬도 보유한 작품일 것이다.

일본 문화가 우리나라에 개방되기 전인 당시 영화팬들 사이에서 입소문으로 알려지면서 이름을 알리기 시작했다. 1999년 일본 대중문화 개방의 첫 신호탄으로 비록 일본보다 4년이나 늦게 개봉했으나 결과는 115만 명의 관객 동원수를 기록하며 대성공을 이뤘다(이 기록은 일본 애니메이션 〈너의 이름은〉이 등장한 2017년이 되어서야 비로소 깨졌다).

학창시절의 풋풋한 첫사랑을 담은 가슴 시린 이야기가 한국인의 심금을 울리면서 지금도 여전히 회자되고 있는 명작 〈러브레터〉의 대표 배경지가 오타루인 것을 아는지. 영화 속 주인공들이 어린 시절과 현재를 보내는 곳이자 또 다른 주인공이 방문하게 되는 도시가 바로 오타루다. 장소 자체가 유명한 관광명소는 아니지만 중심지에서 그리 멀지 않은 곳에 자리하고 있어 부담없이 방문해볼 수 있다. 팬이라면 영화의 깊은 감동을 느낄 수 있는 〈러브레터〉 촬영지 4곳을 소개한다.

구일본우선오타루지점
旧日本郵船小樽支店

주인공 이츠키가 근무하는 도서관. 1906년 일본우선주식회사의 지점으로 건축된 건물로, 국가가 지정한 중요 건축물이다. 내부 관람도 가능하다.

발음 큐니혼유우센오타루시텐 **주소** 小樽市色内3-7-8 **전화** 0134-22-3316 **홈페이지** kyu-nippon-yusen-otaru.jp **요금** 성인 ¥300, 고등학생 ¥150, 중학생 이하 무료 **운영** 09:30-17:00 **휴무** 화요일(공휴일인 경우 다음 평일), 12/29-1/3 **가는 방법** 북운하 北運河에 있는 운하공원 運河公園 내에 있다. **주차장** 10대 **키워드** 구일본우선 오타루

이로나이교차로 色内交差点

고베로 돌아가려는 주인공 히로코와 편지를 부치러 우체통으로 향하는 주인공 이츠키가 스쳐 지나가는 장면. 키타노월가 중심부에 자리한다.

발음 이로나이코오사텐 **주소** 小樽市色内1 **가는 방법** 구 다이이치 은행 오타루지점 旧第一銀行小樽支店과 오타루 우체국 小樽郵便局 사이. **키워드** otaru post office 3330(오타루 우체국)

오타루시청 小樽市役所

이츠키가 감기몸살에 걸려 다녀온 병원. 옛날 이츠키의 아버지가 병원으로 실려와 어머니와 할아버지가 급히 달려오는 장면을 회상하는 부분도 본관 2층에서 촬영하였다.

발음 오타루시약쇼 **주소** 小樽市花園2-12-1 **가는 방법** JR 오타루 小樽역 앞 추오버스 中央バス 정류장에서 3번 버스 탑승하여 하나조노코엔도오리 花園公園通에서 하차, 도보 10분. **키워드** otaru city hall

후나미자카 船見坂

집배원이 편지를 배달하기 위해 오르던 언덕. 경사 15도가 넘는 높은 언덕이다.

발음 후나미자카 **주소** 小樽市富岡2-12 **가는 방법** JR 오타루 小樽역에서 오타루 삼각시장을 거쳐 쭉 가면 나오는 큰길이다. **키워드** 후나미자카

꽃밭의 천국
후라노·비에이
富良野·美瑛

삿포로에서 동쪽으로 약 2시간 거리에 위치한 후라노와 비에이는 홋카이도 여행의 하이라이트다. 여름철 라벤더가 만개하는 7~8월에는 보라색 융단을 깔아 놓은 듯한 장관을 연출하며, 사계절 내내 아름다운 농촌 풍경을 자랑한다.

후라노는 '라벤더의 고장'으로 불리며 팜 토미타를 비롯한 여러 라벤더 농장이 유명하다. 라벤더뿐만 아니라 해바라기, 양귀비, 코스모스 등 계절마다 다른 꽃들이 피어나 일년 내내 아름다운 풍경을 선사한다. 비에이는 완만한 구릉지대에 펼쳐진 패치워크 같은 농경지로 유명하다. 감자, 옥수수, 밀 등 다양한 작물이 만들어내는 색색의 밭은 마치 자연이 그려낸 그림 같다.

후라노로 이동하기

열차

후라노로 가는 직통열차는 아사히카와 旭川에서 JR전철 후라노 富良野선으로 이동하는 것밖에 없다. 삿포로에서 이동할 경우 JR전철 특급열차 라일락 ライラック을 타고 타키카와 滝川역까지 간 후 네무로본 根室本선 보통열차로 환승하면 약 2시간 만에 후라노 富良野역에 도착한다. 단, 여름철 한시적으로 운행되는 JR전철 특급 후라노 라벤더 익스프레스 特急フラノラベンダーエクスプレス는 삿포로에서 후라노까지 환승 없이 한 번에 도착한다.

버스

삿포로에서 환승 없이 이동하는 방법은 장거리버스를 타는 것이다. 추오버스 中央バス 고속후라노호 高速ふらの号를 이용하면 약 2시간만에 도착하며, 08:50~18:40까지 두 시간에 한 대씩 정기적으로 운행하고 있다. 가격도 열차보다 저렴하므로 열차 프리패스 소지자가 아니라면 버스를 이용하자. 아사히카와에서는 후라노버스 ふらのバス 라벤더호 ラベンダー号를 운행하지만 열차보다 다소 시간이 소요되므로 신 후라노 프린스 호텔에 갈 것이 아니라면 그다지 추천하지 않는다.

> **Tip** 후라노·비에이 여행에서 주의해야 할 점
> ❶ 라벤더가 절정을 이루는 7~8월이 베스트 시즌. 이 시기만 되면 평일, 주말 할 것 없이 후라노와 비에이는 물론 아사히카와 주변 숙소들까지 만실이 되기 일쑤다. 비행기 티켓을 구입한 시점에 숙소도 함께 예약하도록 하자.
> ❷ 없는 시간을 쪼개어 삿포로에서 당일치기로 방문하는 관광객이라면 크게 욕심을 부리지 않고 꽃밭 한두 군데만 골라 돌아보는 것을 추천한다. 2일 이상 투자할 경우 후라노와 비에이에 숙소를 두어도 좋지만 아사히카와를 거점으로 움직이는 것도 괜찮은 방법이다.
> ❸ 명소 간 거리가 먼 편이므로 운전이 가능하다면 렌터카를 대여해 이동하는 것이 가장 편리하다. 뚜벅이 여행자라면 버스의 배차 간격이 관건. 버스별 시간표를 미리 확인하여 철저한 계획을 세워 움직이는 것이 좋다.
> ❹ 대부분의 밭은 사유지다. 농작물을 심은 밭도 많기 때문에 함부로 들어가지 않도록 한다.

비에이로 이동하기

열차

후라노와 마찬가지로 비에이로 가는 직통열차는 아사히카와에서 가는 후라노 富良野선 단 하나. 삿

포로에서 출발한다면 JR전철 특급열차 카무이 カムイ를 타고 아사히카와 旭川로 가서 환승한다.

버스
삿포로에서 비에이로 가는 직통버스는 운행하지 않는다. 후라노 또는 아사히카와로 이동한 다음 버스를 이용하는 것밖에는 방법이 없다.

후라노·비에이 시내 교통수단

열차
JR전철 삿포로역에서 타키카와까지 이동 후 환승하여 후라노까지 가는 방법이 있다. 여름철에는 삿포로역에서 후라노 라벤더 익스프레스(フラノラベンダーエクスプレス)를 타고 후라노까지 환승 없이 한 번에 갈 수 있다. 두 방법 모두 약 2시간이 소요되며 요금은 4,230~4,910엔이다. 비에이는 후라노에서 약 40분 정도 일반열차를 타고 이동하면 도착한다. 요금은 편도 800엔이다.

버스
삿포로 시내에서 출발하는 직행 고속버스를 운행한다. JR 삿포로역을 출발해 버스터미널을 거쳐 후라노역 앞에 도착하는 '고속라벤더호(高速ふらの号)'는 약 2시간 55분이 소요된다. 요금은 편도 2,160엔으로 열차보다 저렴하다.

렌터카
가장 자유도 높은 교통수단이다. 삿포로에서 약 2시간 소요되며, 후라노와 비에이 지역의 각종 명소들을 시간에 구애받지 않고 자유롭게 둘러볼 수 있다.

관광버스 투어
삿포로 시내에서 출발하는 당일치기 관광버스 투어도 인기가 높다. 가이드의 설명을 들으며 편안하게 관광할 수 있고, 주요 명소들을 빠뜨리지 않고 둘러볼 수 있는 장점이 있다.

추천 일정

삿포로 출발 → 팜 토미타 → 청의 호수 → 흰수염 폭포 → 사계채 언덕 → 파노라마 로드 → 패치워크의 길 → 신 후라노 프린스 호텔 → 삿포로 복귀

Tip 후라노 비에이 프리패스 ふらの·びえいフリーきっぷ

다른 지역도 함께 관광한다면 후라노 비에이 프리패스를 이용해보자. 삿포로에서 타키카와 滝川, 아사히카와 旭川, 비에이, 후라노 등 9개 역 중 하나를 1회 왕복할 수 있는 왕복 승차권(특급열차 보통차 자유석) 1장과 후라노와 비에이 자유 구간을 무제한으로 탑승할 수 있는 승차권 1장(보통열차 자유석)이 결합된 레일패스다. 출발일로부터 4일간 이용할 수 있다.

요금 성인 ¥7,790, 어린이 ¥3,890

팜 토미타
ファーム富田

'후라노 하면 라벤더'라는 공식을 만들어낸 라벤더 밭의 선구자. 1958년 이 일대에서는 처음으로 라벤더 재배를 시작해 주변 농장에 라벤더 유행을 불러일으키기도 했다. 하지만 이후 인기가 식으면서 팜 토미타만이 유일하게 라벤더 재배를 이어가고 있었는데 1970년대 당시 일본 국철의 달력에 이곳의 사진이 실리면서 일약 유명세를 타게 됐다. 방문자의 꾸준한 증가로 인해 꽃밭만 가득했던 농장에서 관광지로서 점점 변화를 모색했고 홋카이도를 대표하는 관광명소로 거듭나게 되었다. 총 면적 3만6,000평에 달하는 넓은 농장은 12개의 꽃밭으로 구성되어 라벤더를 중심으로 각종 꽃의 향연을 만끽할 수 있다. 라벤더는 대개 7월 중순에 절정을 이루지만 꽃의 종류가 워낙 다양해 시기에 따라 다른 모습을 감상하는 묘미가 있다. 화보에서나 볼 법한 환상적인 장관은 여름철 6월 하순에서 8월 상순 사이에 방문해야만 즐길 수 있다.

지도 P.117 **발음** 화아무토미타 **주소** 空知郡中富良野町基線北15 **전화** 0167-39-3939 **홈페이지** www.farm-tomita.co.jp **운영** 08:30~17:30(시기마다 다름) **휴무** 부정기 **요금** 무료 **가는 방법** JR 라벤다바타케 ラベンダー畑역에서 도보 7분(여름 한정), JR 나카후라노 中富良野역에서 도보 25분 또는 자동차 5분(요금 약 ¥770). **주차장** 500대 **키워드** 팜도미타

채색의 꽃밭 彩りの畑

보라색 라벤더, 빨간색 양귀비, 하얀색 안개꽃, 분홍색 끈끈이대나물, 주황색 금영화 등 일곱 빛깔 무지개처럼 펼쳐진 풍경 덕에 팜 토미타를 대표하는 꽃밭이 되었다.

개화 시기 7월 상순~하순 만개 7월 중순~하순

트래디셔널 라벤더 꽃밭 トラディショナルラベンダー畑

팜 토미타에서 가장 오래된 꽃밭으로, 이곳을 인기 명소로 만든 일등 공신. 보라색 융단을 깔아놓은 듯 빽빽하게 자리 잡은 라벤더가 고운 자태를 뽐내고 있다.

개화 시기 6월 하순~8월 상순 만개 7월 상순~중순

- 백화의 숲 白樺の森
- 산의 채색 꽃밭 山の彩りの畑
- 숲의 라벤더 꽃밭 森のラベンダー畑
- 늦게 피는 라반딘 밭 遅咲きラバンジン畑
- 숲의 채색 꽃밭 森の彩りの畑
- 숲의 집 森の舎
- 알프의 집 アルプの舎
- 프로세의 집 プロシェの舎
- 트래디셔널 라벤더 꽃밭 トラディショナルラベンダー畑
- 포피의 집 ポピーの舎
- 마더즈 가든 マザーズガーデン
- 행복의 골목길 倖の小路
- 포프리의 집 ポプリの舎
- 향수의 집 香水の舎
- 채색의 꽃밭 彩りの畑
- 그린 하우스 グリーンハウス
- 화인의 꽃밭 花人の畑
- 행복의 꽃밭 倖の畑
- 가을의 채색 꽃밭 秋の彩りの畑
- 꽃의 집 花の舎
- 행복의 집 倖の舎
- 봄의 채색 꽃밭 春の彩りの畑
- 라포트의 집 ラポートの舎
- 화인의 집 花人の舎
- 드라이플라워의 집 ドライフラワーの舎
- 화인 가든 花人ガーデン

화인의 꽃밭 花人の畑

알뿌리 식물이 자라는 봄부터 금잔화같이 사계절 내내 피어나는 가을 무렵까지 형형색색의 다양한 꽃들이 피어나는 밭이다.

개화 시기 5월 상순~10월 상순 만개 7월 상순~9월 하순

행복의 꽃밭 倖の畑

팜 토미타 한가운데에 위치한 꽃밭으로, 네 종류의 라벤더가 그라데이션을 이루고 있다. 농장을 방문하는 이들이 행복했으면 하는 바람에서 지어진 이름이다.

개화 시기 6월 하순~8월 상순 만개 7월 상순~중순행복의 밭 倖の畑

화인가도
花人街道

아사히카와 旭川에서 비에이와 후라노를 거쳐 시무캇푸무라 占冠村까지 이어지는 약 100km 길이의 237번 국도를 일컬어 하나비토 카이도 즉 화인가도라고 부른다. 팜 토미타의 창업자가 꽃을 보러 온 방문객에게 감사와 애정을 담아 붙인 이름이다. 아름드리 가로수가 길게 뻗은 도로 곳곳에는 15여 개의 꽃 농원이 배치되어 있는데, 농장마다 나름의 특색을 지니고 있어 보는 눈이 즐겁다. 농장 간 거리가 멀고 고속도로인 점을 감안해 대중교통보다는 렌터카를 이용해 이동하는 것이 좋다. 모든 곳을 둘러보기에는 거리상 다소 무리가 있으므로 드라이브를 즐기면서 점 찍어둔 2~3개 명소를 돌아보는 것을 추천한다. 라벤더가 절정을 이루는 여름에는 매우 혼잡한 편이니 시간 여유를 가지고 움직이도록 하자.

발음 하나비토카이도 **가는 방법** 주요 농원은 JR 비바우시 美馬牛역 인근에서 시작해 JR 나카후라노 中富良野역까지 이어진다. 자동차는 237번 국도를 타고 이동. **키워드** hokkaido 237 road

화인가도 추천 농원

1 제루부 언덕·아토무 언덕 ぜるぶの丘·亜斗夢の丘

20여 종류의 꽃을 만나볼 수 있는 명소. 전망대에 오르면 패치워크의 길(P.126)에 있는 켄과 메리의 나무(P.127)가 내려다 보인다.

지도 P.117 ▶ **발음** 제루부노오카·아토무노오카 **주소** 上川郡美瑛町大三 **전화** 0166-92-3160 **홈페이지** biei.selfip.com **운영** 4월 하순~10월 중순 08:30~17:00 **휴무** 10월 하순~4월 중순 **요금** 무료 **가는 방법** JR 비에이 美瑛역에서 약 2.3km 도보 30분, 자동차 5분 **주차장** 120대. **키워드** 제루부언덕

2 칸노 팜 かんのファーム

비에이 美瑛와 카미후라노 上富良野 사이에 있는 꽃밭. 언덕 밑에서부터 정상까지 경사진 부분에 피어 있는 진한 색감의 꽃들이 인상적이다. 농원에서 재배한 감자, 옥수수, 양파도 구입할 수 있다.

지도 P.117 ▶ **발음** 칸노화아무 **주소** 上富良野町美馬牛峠 **전화** 0167-45-9528 **홈페이지** www.kanno-farm.com **운영** 6~10월 중순 09:00~17:00 **휴무** 11~5월 **요금** 무료 **가는 방법** JR 비바우시 美馬牛역에서 도보 15분. **주차장** 100대 **키워드** 칸노팜

3 히노데 공원 日の出公園

3종류 약 4만 송이의 라벤더가 반기는 공원. 예쁜 꽃과 평화로운 전원풍경이 파노라마로 펼쳐져 인기를 얻고 있다. 전망대에 있는 '사랑의 종'을 커플이 울리면 행복해진다고 한다.

지도 P.117 **발음** 히노데코오엔 **주소** 空知郡上富良野町東1線北27 **전화** 0167-39-4200 **운영** 24시간 **요금** 무료 **가는 방법** JR 카미후라노 上富良野역에서 도보 15분. **주차장** 50대 **키워드** 히노데 공원

4 나카후라노 라벤더 농원
中富良野町営ラベンダー園

여름에는 라벤더 밭이었다가 겨울에는 스키장으로 변신하는 재미있는 곳.

지도 P.117 **발음** 나카후라노쵸오에라벤다엔 **주소** 中富良野町宮町1番41 **전화** 0167-44-2123 **요금** 무료 **운영** 24시간(리프트 6월 중순~8월 하순 09:00~18:00) **가는 방법** JR 나카후라노 中富良野역에서 도보 15분. **주차장** 100대 **키워드** 나카후라노 호쿠세이야마라벤더원

5 플라워 랜드 카미후라노 フラワーランドかみふらの

화인가도에 위치한 농원들 가운데 가장 넓은 규모를 자랑한다. 라벤더, 코스모스, 해바라기 등 300여 종의 꽃이 만발하는 농원 내를 트랙터버스로 도는 코스가 인기다.

지도 P.117 **발음** 후라와란도카미후라노 **주소** 上富良野町西5線北27 **전화** 0167-45-9480 **홈페이지** flower-land.co.jp **요금** 무료 **운영** 3·4·11월 09:00~16:00, 6~8월 09:00~18:00, 9·10월 09:00~17:00 **휴무** 12~2월 **가는 방법** JR 카미후라노 上富良野역에서 약 3.4km 도보 40분, 자동차 7분. **주차장** 500대 **키워드** 플라워 랜드 카미후라노

6 제트코스터의 길
ジェットコースターの路

JR 비바우시 美馬牛역을 지나 JR 후라노 富良野역으로 향하는 237번 국도 오른편에 있는 서쪽 11번 도로를 달리면 마치 롤러코스터를 탄 것처럼 오르락내리락하는 기분을 느낄 수 있어 '제트코스터의 길'이라 불린다. 2.5km의 직선도로를 달리며 스릴을 만끽해보자.

지도 P.117 **발음** 젠또코오스타노미치 **주소** 空知郡上富良野町西11線北 **가는 방법** JR 비바우시 美馬牛역에서 약 1km 도보 13분, 자동차 2분. **키워드** rollercoaster road biei

패치워크의 길
パッチワークの路

JR 비에이 美瑛역에서 북서쪽에 있는 구릉길을 일컫는 애칭으로 구역마다 자라나는 작물의 색깔이 마치 작은 천조각을 서로 꿰매 붙인 조각보(패치워크)와 같다 하여 이름 붙여졌다. 비에이의 아기자기한 풍경을 즐길 수 있어 드라이브 코스로 이름난 곳이다. 제품의 광고와 패키지에 실리면서 대중에게 널리 알려진 명소들을 둘러보는 것이 코스의 주된 내용이다.

패치워크의 길 추천 코스

❶ JR 비에이 美瑛역 → ❷ 켄과 메리의 나무 → ❸ 카시와 공원 → ❹ 세븐스타 나무 → ❺ 오야코 나무 → ❻ 호쿠세이 언덕 전망공원 → ❼ 마일드세븐 언덕 → ❽ JR 비에이 美瑛역

패치워크의 길 주요 명소

2 켄과 메리의 나무
ケンとメリーの木

닛산자동차 스카이라인의 TV광고 시리즈 '켄과 메리'에 등장한 높이 31m의 포플러나무. 이 광고 덕분에 해당 자동차는 그해 역대 최고 판매량을 기록했다.

지도 P.117 **발음** 켄또메리노키 **주소** 上川郡美瑛町字大久保 **키워드** 켄과메리의나무

3 카시와 공원 かしわ公園

언덕에 자리하여 패치워크의 길을 조망할 수 있는 공원. 공원 내부에 떡갈나무가 많이 심어져 있어 붙여진 이름이다(떡갈나무를 일본어로 하면 카시와이다).

지도 P.117 **발음** 카시와코오엔 **주소** 上川郡美瑛町字北瑛第1 **키워드** 카시와공원

4 세븐스타 나무
セブンスターの木

담배 브랜드 '세븐스타'의 제품 패키지에 등장하여 유명세를 탄 나무. 떡갈나무 한 그루가 도로에 나홀로 덩그러니 서 있다.

지도 P.117 **발음** 세븐스타노키 **주소** 上川郡美瑛町字北瑛 **키워드** 세븐스타나무

5 오야코 나무 親子の木

세 그루의 떡갈나무가 엄마, 아이, 아빠가 나란히 서있는 것처럼 보인다 해 붙여진 이름.

지도 P.117 **발음** 오야코노키 **주소** 上川郡美瑛町字夕張 **키워드** 오야코나무

6 호쿠세이언덕 전망공원
北西の丘展望公園

피라미드 모양의 전망대가 이색적인 공원. 주변의 라벤더 밭과 광활한 자연풍경을 눈에 담을 수 있다.

지도 P.117 **발음** 호쿠세에노오카텐보오엔 **주소** 美瑛町大久保協生 **키워드** 호쿠세이노오카전망공원

7 마일드세븐 언덕
マイルドセブンの丘

담배 브랜드 '마일드세븐'의 제품 패키지에 들어간 사진으로 인해 유명해졌다. 관  광객의 사진촬영으로 밭이 훼손되는 피해가 잇따라 발생하자 주인이 나무 일부를 벌채하여 예전 모습은 볼 수 없지만 여전히 사랑받는 관광명소이다.

지도 P.117 **발음** 마이루도세븐노오카 **주소** 上川郡美瑛町字美田 **키워드** 마일드세븐언덕

파노라마 로드
パノラマロード

JR 비에이 美瑛역에서 남동쪽으로 펼쳐지는 구역으로 고지대에 위치한 명소가 많아 탁 트인 시야로 주변 경관을 감상할 수 있다. '패치워크의 길'과 함께 드라이브 코스로 인기가 높은 곳이다. 오르락내리락하는 도로 사정 상 속도를 내어 운전하는 것은 피하자.

파노라마 로드 추천 코스

❶ JR 비바우시 美馬牛역(2.3km) → ❷ 사계채 언덕(2.3km) → ❸ 타쿠신칸(2.8km) → ❹ 치요다 언덕 전망대(1.7km) → ❺ 산아이 언덕 전망공원(2.3km) → ❻ 빨간 지붕 집(4.3km) → ❼ 크리스마스트리 나무(2.5km) → ❽ JR 비바우시역

파노라마 로드 주요 명소

2 사계채 언덕 四季彩の丘

라벤더, 샐비어, 패랭이꽃, 루피너스 등 30여 종의 꽃들이 무지개와도 같은 아름다운 장관을 이루는 꽃밭.

지도 P.117 **발음** 시키사이노오카 **주소** 上川郡美瑛町新星第三 **전화** 0166-95-2578 **홈페이지** www.shikisainooka.jp **운영** 1월 08:40~16:30, 2~4월 09:10~17:00, 5·10월 08:40~17:00, 6~9월 08:40~17:30, 11·12월 09:10~16:30 **휴무** 음식점 수요일(11~3월) **요금** 입장료(7~9월) 고등학생 이상 ¥500, 초등학생·중학생 ¥300, 미취학 아동 무료, 알파카 목장 ¥500, 고등학생 이상 ¥500, 초등학생·중학생 ¥300, 미취학 아동 무료 **키워드** 사계채의원덕

3 타쿠신칸 拓真館

비에이와 후라노의 풍경 사진을 주로 찍었던 사진작가 마에다 신조 前田真三의 작품을 전시하기 위해 오래된 폐교를 개조해 만든 미술관.

지도 P.117 **발음** 타쿠신칸 **주소** 上川郡美瑛町字拓進 **전화** 0166-92-3355 **홈페이지** www.takushinkan.shop **운영** 4~10월 10:00~17:00(마지막 입장 16:45), 11~3월 10:00~16:00(마지막 입장 15:45) **휴무** 부정기

4 치요다 언덕 전망대
千代田の丘見晴台

소, 말, 양을 기르는 목장 내부에 있는 전망대. 언덕에 자리한 전망대 풍경이 근사한 경관을 만들어내어 이곳의 상징이 되었다.

지도 P.117 **발음** 치요다노오카미하라시다이 **주소** 上川郡美瑛町春日台 **키워드** 치요다언덕 전망대

5 산아이 언덕 전망공원
三愛の丘展望公園

고깔 모자 모양의 빨간 삼각형 지붕의 쉼터가 보이면 제대로 찾은 것이다.

지도 P.117 **발음** 산아이노오카텐보코오엔 **주소** 上川郡美瑛町字三愛 **키워드** 산아이노오카전망공원

6 빨간 지붕 집 赤い屋根の家

그림 엽서 같은 전원풍경이 펼쳐져 인기가 높은 언덕.

지도 P.117 **발음** 아카이야네노이에 **주소** 上川郡美瑛町三愛 **키워드** akaiyane bokujyo

7 크리스마스트리 나무
クリスマスツリーの木

겨울에 바라본 풍경이 아름다워 유명해진 나무. 전체 실루엣과 별 모양을 띠고 있는 가장자리 나뭇가지의 형태가 크리스마스트리처럼 보인다 하여 이러한 애칭이 붙여졌다. 사유지라 밭 안으로는 들어갈 수 없다.

지도 P.117 **발음** 크리스마스츠리이노키 **주소** 上川郡美瑛町美馬牛 **키워드** 크리스마스 나무

비에이센카 美瑛選菓

비에이에서 나고 자란 채소와 과일을 비롯해 각종 제품을 취급하는 숍. 내부에는 주스, 잼, 과자, 밀가루 등 오리지널 가공식품을 판매하는 센카시장 選菓市場과 아이스크림, 푸딩, 케이크 등을 판매하는 센카공방 選菓工房, 프렌치 레스토랑 아스페르주 アスペルジュ, 빵집 비에이코무기 공방 美瑛小麦工房이 입점해 있다.

지도 P.117 **발음** 비에이센카 **주소** 上川郡美瑛町大町2 **전화** 0166-92-4400 **홈페이지** bieisenka.jp **운영** 10:00~17:00(6~8월은 09:00~18:00) **휴무** 12/30~1/5, 11~3월 수요일 **가는 방법** JR 비에이 美瑛역에서 도보 10분. **주차장** 66대 **키워드** bieisenka

❶ 비에이센카의 내부 모습 ❷ 질 좋은 가공식품 및 유제품들

비에이 신사 美瑛神社

경내가 그리 넓지 않은 아담한 규모의 신사지만 사랑이 이루어지는 파워 스폿으로 인기를 누리고 있다. 비에이 풍경을 자수로 새긴 부적은 기념품으로 제격. 신사 건물 곳곳에 숨겨진 하트 모양의 장식을 찾는 재미 또한 쏠쏠하다.

지도 P.117 **발음** 비에이진자 **주소** 上川郡美瑛町東町4丁目701番地23 **전화** 0166-92-1891 **운영** 24시간 **가는 방법** JR 비에이 美瑛역에서 도보 20분. **주차장** 20대 **키워드** biei shrine

❶ ❷ 구석구석 보는 재미가 있는 아담한 비에이 신사 ❸ 기념 선물로 제격인 부적

청의 호수 青い池

1988년 토카치다케 十勝岳의 화산 분화로 인해 생기는 재해를 막기 위해 쌓은 제방에 물이 고이면서 자연스레 형성된 호수. 우연이 빚어낸 기가 막힌 연출이 입소문을 타고 널리 알려지게 된 대표적인 예다. 호수에 잠긴 낙엽송과 자작나무가 에메랄드색 물빛에 비치면서 신비로운 분위기를 자아낸다. 물에 함유된 성분이 빛의 산란을 일으키면서 더욱 푸르게 보이는 것이며, 5월 중순에서 6월 하순 사이가 가장 진하고 선명한 푸른색을 볼 수 있는 시기라 한다. 최근 들어 관광객이 급증하여 큰 인기를 누리고 있으므로 차분히 풍경을 감상하고 싶다면 되도록 평일 이른 시간에 방문하는 것이 좋다. 11~4월에는 야간 라이트 업을 실시하여 낮시간대와는 다른 경치를 즐길 수 있다.(11월 17:00~, 12월 16:30~, 1월 17:00~, 2월 17:30~, 3월 18:00~, 4월 18:30~ / 종료시간 21:00). 호수 주변 길 사정이 좋지 못한 편이므로 운동화 착용을 권한다.

지도 P.117 **발음** 아오이이케 **주소** 上川郡美瑛町白金 **가는 방법** JR 비에이 美瑛역 앞에서 도호쿠버스 道北バス 시라가네온센 白金温泉행 39번 승차하여 시라가네아오이이케이리구치 白金青い池入口 정류장에서 하차, 도보 7분. **주차장** 100대 **키워드** 청의 호수

Tip 겨울에만 운행하는 청의 호수&흰 수염 폭포 야간 관광버스

11월부터 1월까지 주말과 공휴일에는 청의 호수와 흰 수염 폭포를 도는 관광버스 뷰 버스 美遊バス Biei View Bus를 운행한다. JR 비에이 美瑛역 앞에 위치한 관광안내소 사계 정보관 四季の情報館에서 출발하여 하얀수염 폭포를 15분간, 청의 호수를 30분간 둘러보고 다시 돌아오는 코스로 구성되어 있다.

흰 수염 폭포 白ひげの滝

청의 호수에서 3㎞ 떨어진 시라가네 白金 온천 부근의 신비스러운 폭포도 꼭 한 번 들러보자. 블루리버 ブルーリバー 다리에서 내려다본 하얀폭포와 푸른 강의 대비가 환상적이다. 용암층의 갈라진 부분에서 비에이 美瑛강 지하수가 흘러내리는 장면이 하얀 수염 같다 하여 이름 붙여졌다.

지도 P.117 **발음** 시라히게노타키 **주소** 上川郡美瑛町字白金 **가는 방법** JR 비에이 美瑛역 앞에서 도호쿠버스 道北バス 시라가네온센 白金温泉행 39번 승차하여 시라가네온센 白金温泉에서 하차, 도보 5분. **주차장** 시라가네 관광안내소 공공주차장 白金観光案内所公共駐車場 이용 **키워드** 흰수염폭포

신 후라노 프린스 호텔
新富良野プリンスホテル

일본의 유명 작가이자 각본가인 쿠라모토 소우의 '후라노 3부작'으로 불리는 드라마 〈북쪽 나라에서 北の国から〉, 〈자상한 시간 優しい時間〉, 〈바람의 정원 風のガーデン〉을 촬영할 목적으로 만들어진 세트장 가운데 그대로 남아 운영되고 있는 곳들이 신 후라노 프린스 호텔 내부에 있다. 드라마를 보지 않은 사람들 사이에서도 후라노를 만끽하기에 좋은 명소로 각광받고 있다.

지도 P.117 발음 신후라노프린스호테루 **주소** 富良野市中御料 新富良野プリンスホテル **전화** 0167-22-1111 **홈페이지** www.princehotels.co.jp/shinfurano **가는 방법** JR 비에이 美瑛역 앞에서 후라노버스 ふらのバス 아사히카와 旭川선 신후라노프린스호테루 新富良野プリンスホテル행 승차하여 종점 하차, 도보 1분. **주차장** 270대 **키워드** 신후라노 프린스 호텔

신 후라노 프린스 호텔 즐길 거리

바람의 정원 風のガーデン

일본 후지TV 개국 50주년을 기념하여 제작된 드라마 〈바람의 정원〉의 촬영지로 쓰이기 위해 2년에 걸쳐 조성된 영국식 정원.

발음 카제노가아덴 **전화** 0167-22-1111 **운영** 4월 하순~6월, 9월 상순~9월 중순 08:00~17:00, 7·8월 06:30~17:00, 9월 중순~10월 상순 08:00~16:00 **휴무** 10월 하순~4월 중순 **요금** 중학생 이상 ¥1,000, 초등학생 ¥600, 미취학 아동 무료

닝구르 테라스 ニングルテラス

다수의 명작을 만들어 낸 일본 유명 각본가이자 작가 쿠라모토 소우 倉本聰가 기획한 숲속 쇼핑로드. 후라노의 자연을 테마로 한 수제 공예품점을 중심으로 공방, 미니 갤러리, 카페 등이 들어서 있다. 카페 '추추의 집 チュチュの家'의 시그니처 메뉴 구운 우유 焼きミルク(야키미루쿠)도 꼭 맛보자.

발음 닝구르테라스 **운영** 4/1~11/2 11:00~19:45, 11/29~3/31 12:00~20:45 **휴무** 11/3~11/28

숲의 시계 森の時計

일본 드라마 〈자상한 시간 優しい時間〉에서 주인공이 운영했던 찻집으로 등장한 카페. 드라마 속 장면처럼 카운터석에 앉으면 자신이 마실 커피 원두를 핸드밀로 직접 분쇄할 수 있어 카운터석의 인기가 높다.

발음 모리노토케 **운영** 12:00~20:00(마지막 주문 19:00) **휴무** 부정기

삿포로 여행 준비

여권과 비자

여권과 비자는 해외여행의 필수품이다. 기본적으로 여권 만료일이 6개월 이상 남아 있다면 대부분 국가로 여행이 가능하다. 일본은 비자면제 협정국으로 여행 목적으로 입국한 경우 최장 90일까지 체류할 수 있는 상륙 허가 스탬프를 찍어준다. 귀국편 비행기 E-티켓 등 출국을 입증할 서류를 지참하는 것이 입국심사에 유리하다.

01 | 여권 만들기

여권 종류 | 단수여권과 복수여권 두 종류가 있다. 말 그대로 단수여권은 1회성이고, 복수여권은 기간 만료일 이내에 무제한 사용 가능한 여권이다.

준비물 | 여권 발급 신청서(접수처에 비치), 여권용 사진 1매(가로 3.5cm, 세로 4.5cm 흰색 바탕에 상반신 정면 사진, 정수리부터 턱까지가 3.2~3.6cm, 여권 발급 신청일 6개월 이내 촬영한 사진), 신분증, 병역 관계 서류(미필자에 한함)

※유효기간이 남아 있는 여권을 소지하고 있다면 여권을 반납해야 함.

여권 발급 절차 | 발급기관인 전국의 도·시·군청과 광역시의 구청을 방문(서울특별시청은 제외) → 접수처에 비치된 신청서 작성 → 접수 → 수수료 납부 → 여권 수령

02 | 여권 발급 수수료

여권 종류	유효기간	사증면	금액	대상
복수여권	10년	26면	47,000원	만 18세 이상
		58면	50,000원	
	5년	26면	39,000원	만 8세~만 18세 미만
		58면	42,000원	
		26면	30,000원	만 8세 미만
		58면	33,000원	
단수여권	1년		15,000원	1회 여행 시에만 가능
잔여 유효기간 부여	-		25,000원	여권 분실 및 훼손으로 인한 재발급
기재사항 변경			5,000원	사증란을 추가하거나 동반 자녀 분리할 경우

항공권 예약하기

인천공항 또는 부산 김해공항을 통해 홋카이도의 삿포로 신치토세 공항으로 취항하는 항공사로는 국적기인 아시아나항공과 진에어, 제주항공, 에어부산 등의 저비용 항공사가 있다. 최근 삿포로 노선의 취항과 증편으로 비행편이 증가하여 선택의 폭이 넓어졌으며, 저렴한 항공권도 예년에 비해 비교적 손쉽게 구입할 수 있게 되었다. 특히 저가항공은 가격 할인 프로모션을 자주 진행하고 있어, 이벤트 시기를 잘 노린다면 더욱 저렴하게 구입할 수 있다. 탑승 일자가 다가올수록 어느 항공사든 가격이 상승하므로 미리 예약해두는 것이 좋다. 인천-삿포로 간은 2시간 40분, 부산-삿포로 간은 2시간 15분, 청주-삿포로 간은 2시간 30분 소요된다.

01 | 홋카이도 취항 항공사

출발지	신치토세 공항(CTS)	출발지	신치토세 공항(CTS)
인천(ICN)	아시아나항공	부산(PUS)	아시아나항공
	진에어		대한항공
	제주항공		진에어
	티웨이항공		에어부산
	이스타항공		제주항공
청주(CJJ)	에어로케이항공		

02 | 항공권 구입

항공권은 각 항공사 홈페이지를 통해 구입이 가능하다. 저가항공 프로모션은 미리 회원가입을 해두면 메일을 통해 이벤트가 공지되며 공식 홈페이지를 통해서 예약할 수 있다. 대표적인 가격 비교 사이트인 네이버항공권, 스카이스캐너, 인터파크와 여행사인 하나투어, 모두투어, 노란풍선 등도 활용해보자. 원하는 날짜를 검색하면 가격 순으로 항공권을 확인할 수 있어 편리하다.

> **Tip 인천공항 제2여객터미널**
>
> 제2여객터미널은 기존 터미널과 거리가 떨어져 있어 반드시 사전에 E-티켓에 적힌 터미널을 확인해야 한다. 대한항공, 델타항공, 에어프랑스항공, KLM네덜란드항공, 진에어, 에어부산, 에어서울, 중화항공, 샤먼항공, 가루다인도네시아, 아에로멕시코, 아에로플로트 등 총 12개 항공사를 이용하는 여행자들은 제2여객터미널을  이용해야 하며, 저비용 항공사 및 기타 외국 국적 항공사를 이용하는 여행자들은 기존의 제1여객터미널을 이용하면 된다. 공항철도 또는 자동차 이용 시 바로 제2여객터미널로 갈 수 있으며, 제1여객터미널에서 이동하려면 무료 셔틀버스를 이용하면 된다. 2025년 7월 이후 아시아나항공, 에어부산, 에어서울은 제2여객터미널로 이전할 예정이니 참고하자.
>
> **셔틀버스 승차장 위치** 제1여객터미널 3층 중앙 8번 출구, 제2여객터미널 3층 중앙 4, 5번 출구 사이 **소요시간** 15~18분(배차간격 5분)

여행 준비물

분류	체크	준비물	분류	체크	준비물
기본 준비물		여권	의류 및 잡화		상의 및 하의
		여권 사본 (여권 분실에 대비해 따로 보관할 것)			속옷
		항공권 E-티켓			양말
		여행자보험			잠옷
		현금(엔화) 및 신용카드			겉옷
		국제학생증 또는 국제운전면허증 (학생 할인 및 렌터카 이용 시)			방한용품(겨울)
		레일패스 및 바우처 (한국에서 예약한 경우)			운동화
		숙소 바우처			실내 슬리퍼(숙소에서 이용)
생활 용품		세면도구 및 수건			보조가방
		화장품			우산
		여성용품	전자 용품		멀티플러그 (일본 플러그 형태는 A타입)
		비상약			
		자물쇠(도난 방지용)			
여행 관련		『베스트 프렌즈 삿포로』			스마트폰
		여행 일정표			카메라
		필기도구 및 노트			각종 충전기(카메라, 스마트폰 등)

여행에 유용한 애플리케이션

길찾기

구글 맵스 Google Maps
현재 위치에서 목적지까지 가는 방법을 차량, 대중교통, 도보 등 다양한 방식으로 알려주는 지도 앱.

노리카에 안나이 乘換案内
일본 내비게이션 전문 업체가 개발한 일본 전국의 전철, 지하철, 노면 전차 등의 경로 안내 전문 앱.

번역

네이버 파파고 papago
네이버가 개발한 번역 애플리케이션. 번역 정확도가 구글맵보다 높다. 음성 번역과 이미지 번역 등을 제공.

구글 번역 Google Translate
구글이 개발한 번역 애플리케이션. 파파고와 마찬가지로 음성 번역과 이미지 번역을 제공한다.

교통

IC카드 IC CARD
파스모(PASMO), 스이카(Suica) 등 일본 교통카드를 출국 전 만들고 싶다면 애플리케이션을 다운 받는다.

IC카드 잔액 확인
스마트폰에 카드를 갖다 대면 일본 교통카드의 잔액을 실시간 확인 가능한 앱.

출국

스마트 패스 SMARTPASS
여권, 안면정보, 탑승권을 사전 등록하면 출국장에서 얼굴 인증만으로 통과 가능한 패스트트랙 앱.

면세점 어플 Duty Free
롯데, 신세계, 신라 면세점 앱에서 출국 시 줄을 서지 않고 면세품 인도장의 대기표를 발권 받을 수 있다.

통신수단

01 | 우편 이용

엽서를 보낼 때 필요한 우표는 우체국 창구나 편의점에서 구입할 수 있다. 우체국은 일본어로 유우빙쿄쿠 郵便局로 오렌지색 간판이 특징이며 주말과 공휴일은 운영하지 않는다. 엽서 1장당 ￥70의 우표가 필요하고 7일 정도 소요된다. 받는 이 주소 칸에 반드시 'SOUTH KOREA', 'AIR MAIL'를 기입해야 한다.

02 | 데이터 이용

해외에서 스마트폰 데이터를 이용할 수 있는 두 가지 방법. 첫 번째, 일본 국내 전용 유심칩(심카드 SIM Card)을 구입하는 것이다. 기존의 한국 유심칩이 끼워진 자리에 일본 전용 유심칩을 끼우고 사용설명서대로 설정하면 손쉽게 데이터를 이용할 수 있는 시스템이다. 온라인에서 판매하는 심카드는 보통 5~8일간 기준 1GB·2GB의 데이터는 5G·4G 속도로, 나머지는 3G속도로 무제한 이용할 수 있는 것이 일반적이다. 최근에는 유심칩을 별도로 끼우지 않아도 데이터 이용이 가능한 eSIM도 새롭게 등장했다. 온라인에서 상품을 구매한 다음 판매사에서 발송된 QR코드 또는 입력정보를 통해 설치 후 바로 개통되는 시스템이다. 판매사에 기재된 방법대로 연결해야 하지만 그다지 어렵지는 않다. 단, 설치 시 인터넷이 연결된 환경에서만 개통 가능한 점을 명심하자. eSIM 사용이 가능한 단말기 기종이 한정적인 점도 아쉬운 부분. 유심과 eSIM은 일본에서도 구입 가능하나 여행 전 국내 여행사나 소셜커머스에서 구입하면 더욱 저렴하다.

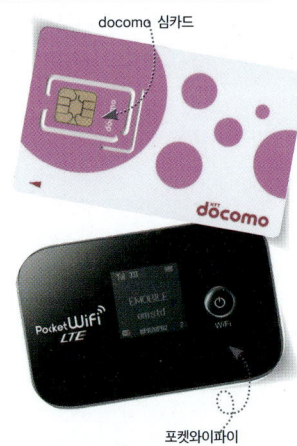

docomo 심카드

포켓와이파이

두 번째는 포켓와이파이를 대여하는 것이다. 포켓와이파이는 1일 대여비 약 3,000~4,000원대로 별도의 기기를 소지하여 Wi-Fi를 무제한 사용할 수 있는 서비스다. 저렴한 가격에 여러 명 혹은 여러 대의 기기가 하나의 포켓와이파이에 동시 접속이 가능하다는 것이 강점으로 꼽힌다. 하지만 여행 최소 1주일 전에 예약해야 하고 임대 기기를 수령하고 반납해야 하는 단점이 있다. 또 기기를 항시 소지해야 하며, 배터리 문제도 신경 써야 하는 점도 포켓와이파이를 대여하기 전 유의해야 할 사항이다.

사건·사고 대처

01 긴급 연락처

긴급 전화 | 110
대한민국영사콜센터 | 001-010-800-2100-0404
주 삿포로 대한민국 총영사관

주소 札幌市中央区北2条西12-1-4 **전화** 011-218-0288, 080-1971-0288(긴급 연락처) **운영** 08:45~17:30(점심시간 12:00-13:00) **휴무** 토·일요일 및 공휴일(주재국 경축일, 우리나라 4대 공휴일*) **가는 방법** 시영지하철 토자이 東西선 니시주잇초메 西11丁目역 1번 출구에서 도보 7분 (홋카이도 대학 식물원 근처).
*우리나라 4대 공휴일: 삼일절(3/1), 광복절(8/15), 개천절(10/3), 한글날(10/9)

02 여권을 분실한 경우

가까운 경찰서(交番, 코오방)를 방문하여 여권 분실 신고서 작성 → 신고서, 여권용 컬러사진 1매, 신분증, 귀국 항공권 사본을 들고 한국영사관 방문 → 수수료를 내고 여권 발급(¥6,240, 엔화 현금으로만 지불, 신용카드 사용불가)

03 여행 중 갑작스럽게 부상을 당하거나 아플 경우

부상이나 병의 증세가 심해졌다면 긴급전화 119로 통화하여 구급차를 부르는 것이 좋다. 전화가 연결되면 우선 외국인임을 밝히고 위치와 증상을 차분히 설명한 다음 구급차를 부탁하면 된다. 일본은 긴급 상황에 대비하여 통역 서비스를 운영하므로 일본어를 못하더라도 안심하고 한국어로 대응하자. 3개월 미만의 여행자에게는 의료보험이 적용되지 않으므로 병원비가 매우 비싸다. 이런 경우를 대비하여 여행 전 반드시 여행자보험을 가입하는 것이 좋다.

04 여행자보험

해외여행 시 뜻하지 않은 사건, 사고를 당하게 된다면 여행자보험의 실효성이 여실히 드러난다. 사고나 질병으로 인해 병원 신세를 졌거나 도난으로 손해를 입었을 경우 가입 내용에 따라 어느 정도 보상을 받을 수 있다. 보험사마다 종류와 보장한도가 다르므로 꼼꼼히 확인해보고 결정하는 것이 좋다. 실제로 사건, 사고를 겪었다면 그 사실을 입증할 수 있는 서류는 기본적으로 준비해두어야 한다. 병원에 다녀왔다면 의사의 소견서와 영수증, 사고증명서 등이 필요하고, 도난을 당했다면 경찰서를 방문하여 도난신고서를 발급받아둬야 한다.

여행 일본어

■ 인사하기

안녕하세요. (아침 인사)	おはようございます。	오하요 고자이마스
안녕하세요. (점심 인사)	こんにちは。	콘니치와
안녕하세요. (저녁 인사)	こんばんは。	콤방와
감사합니다.	ありがとうございます。	아리가또 고자이마스
실례합니다. (죄송합니다)	すみません。	스미마셍

■ 식당에서

메뉴를 볼 수 있을까요?	メニューをもらえますか。	메뉴오 모라에마스까
(메뉴를 가리키며) 이걸로 할게요.	これにします。	코레니 시마스
추천 메뉴는 무엇인가요?	お勧めは何ですか。	오스스메와 난데쓰까
계산서 주세요.	お会計をお願いします。	오카이케오 오네가이시마스
카드 결제 가능한가요?	クレジットカードは使えますか。	크레짓또카도와 츠카에마스까

■ 숙소에서

체크인하고 싶어요.	チェックインお願いします。	체크인 오네가이시마스
(종업원)여권을 보여주시겠어요?	パスポートお願いします。	파스포토 오네가이시마스
택시 좀 불러주시겠어요?	タクシーを呼んで下さい。	타쿠시오 욘데 쿠다사이
몇 시에 체크아웃인가요?	チェックアウトは何時ですか。	체크아우또와 난지데쓰까
체크아웃하고 싶어요.	チェックアウトお願いします。	체크아우또 오네가이시마스

■ 쇼핑할 때

입어 봐도 되나요?	試着してもいいですか。	시차쿠시떼모 이이데스까
좀 더 큰(작은) 사이즈는 있나요?	もっと大きい(小さい)ものはありますか。	못또 오오키이(치이사이) 모노와 아리마스까
이 아이템의 다른 색은 있나요?	他の色はありますか。	호카노 이로와 아리마스까
이걸로 구매할게요.	これください。	코레 쿠다사이
얼마인가요?	いくらですか。	이쿠라데스까

■ 관광할 때

한국어	일본어	발음
○○ 역은 어디인가요?	すみませんが、○○駅はどこですか。	스미마셍가 ○○에키와 도꼬데스까
주변에 은행이 있나요?	近くに銀行はありますか。	치카쿠니 깅꼬와 아리마스까
돈을 환전하고 싶어요.	両替がしたいのですが。	료가에가 시따이노데스가
사진촬영은 가능한가요?	写真を撮ってもいいですか。	샤싱오 톳떼모 이이데스까
화장실은 어딘가요?	トイレはどこですか。	토이레와 도꼬데스까

■ 병원&긴급할 때

한국어	일본어	발음
구급차를 불러 주세요.	救急車を呼んでください。	큐큐-샤오 욘데 구다사이
이 근처에 약국이 어디에 있습니까?	この近くに薬局がどこにありますか。	고노 치카쿠니 야쿄쿠가 도꼬니 아리마스까
○○○를(을) 사고 싶습니다.	○○○を買いたいです。	○○○오 카이타이데스
소화제	消化剤	쇼오카자이
진통제	痛み止め	이타미도메
감기약	風邪薬	카제구스리
해열제	解熱剤	게네츠자이
멀미약	酔い止め	요이토메
파스	湿布	십푸
설사약(지사제)	下痢止め	게리도메
○○○를(을) 주세요.	○○○をください。	○○○오 쿠다사이

■ 숫자

1	いち	이치	6	ろく	로쿠	한 개	ひとつ	히토츠	여섯 개	むっつ	뭇츠
2	二に	니	7	しち	나나, 시치	두 개	ふたつ	후타츠	일곱 개	ななつ	나나츠
3	さん	상	8	はち	하치	세 개	みっつ	밋츠	여덟 개	やっつ	얏츠
4	し	욘, 시	9	きゅう	큐	네 개	よっつ	욧츠	아홉 개	ここのつ	코코노츠
5	ご	고	10	じゅう	쥬	다섯 개	いつつ	이츠츠	열 개	とお	토오

> **tip** 번역 애플리케이션 사용하기
>
> 스마트폰 번역 애플리케이션을 이용하면 더욱 손쉽게 의견을 전달할 수 있다. 한글로 원하는 문장을 입력한 후 '번역' 버튼을 누르면 끝! 스피커 버튼을 누르면 음성 지원이 되어 더욱 편리하다. 대표적인 번역 애플리케이션으로는 구글 번역(Google Translate)과 포털 사이트 네이버가 만든 통·번역 앱 파파고(Papago)가 있다. 아이폰 사용자는 앱 스토어(App Store)에서, 안드로이드 사용자는 구글 플레이(Google Play)에서 앱을 다운로드 받아 사용한다.
>
>

Index

삿포로

ㄴ
나카지마 공원	52
네무로 하나마루	79
노리아	49
노스컨티넨트 마치노나카	80
니조 시장	49

ㄷ
다이마루 삿포로점	41
도미 인 프리미엄 삿포로	89
동구리	81

ㄹ
라멘삿포로 이치류앙	74
로이즈 카카오&초콜릿 타운	67
로하스	80
롯카테이	87
리치몬드 호텔	
삿포로 에키마에	89

ㅁ
마루야마 공원	54
마루야마 동물원	55
마루야마팬케이크	84
마루이이마이 삿포로 본점	45
마코마나이 타키노 공원묘지	57
멘야 사이미	74
멘야 유키카제	71
모리에르 카페	
홋떼모하레떼모	81
모리히코	85
모에레누마 공원	57
미요시노	77

ㅂ
바리스타트 커피	85

ㅅ
산도리아	83
삿포로 TV탑	45, 64
삿포로 그랜드 호텔	88
삿포로 농업학교 제2농장	47
삿포로 눈 축제	60
삿포로 모이와산 로프웨이	62
삿포로 미츠코시	45
삿포로 오오쿠라산 전망대	65
삿포로 토큐 백화점	41
삿포로 파르코	44
삿포로 프린스 호텔	88
삿포로 히츠지가오카 전망대	56
삿포로관광 황마차	44
삿포로돔 전망대	67
삿포로맥주 박물관	68
삿포로시 시계탑	39
삿포로시 자료관	44
삿포로역	38
솔라리아 니시테츠 호텔	
삿포로	89
수프카레 가라쿠	72
스미레	75
스스키노	48
스테이크&함바그 히게	78
스텔라플레이스	40
시로이코이비토파크	66
시코츠 호수	82
신치토세 공항	69

ㅇ
아오아오 삿포로	50
아카렌가테라스	41
아피아	41
얌차 하루노소라	78
에비소바 이치겐	75
에스타	40
오노연못	47
오니기리노 아린코	83
오오도오리 공원	43
오쿠시바 쇼텐	73
옥수수카트	45
유키지루시 팔러	87
은행나무 가로수길	47
일본 정원	53

ㅈ
조라	73
조잔케이 온천	94
징기스칸 다루마	70
징기스칸 주테츠	71

ㅋ
커리하우스 콜롬보	76
커피와 샌드위치 가게	
사에라	82
컴포트 호텔	
삿포로 스스키노	91
코코노 스스키노	51
크로스 호텔 삿포로	88
클라크 동상	46
키타노구루메	76
키타라	52
키타카로	86

ㅌ
타누키코지 상점가	48
텐 토 텐 삿포로 스테이션	91
토카치부타동 잇뻰	77
토큐스테이 삿포로 오도리	90

ㅍ
파르페, 커피, 술, 사토	84
패뷸러스	82
포플러나무 가로수길	47
피칸티	72

ㅎ
핫소안	53
호텔 WBF 삿포로 추오	90
호텔 게이한 삿포로	90
호텔 그레이스리 삿포로	89
호텔 리브맥스 삿포로 스스키노	91
호텔 멧츠 삿포로	91
호헤이칸	53
홋카이도 대학교	46
홋카이도 대학교 종합박물관	46
홋카이도 볼파크 F 빌리지	58
홋카이도 사계 마르셰	50
홋카이도 신궁	54
홋카이도 카니쇼군	70
홋카이도청 구 본청사	42
후루카와 강당	46
후우게츠	79

알파벳&숫자
JR 타워 전망실 타워스리에이트	63
JR 타워 호텔 닛코 삿포로	88

오타루&후라노·비에이

ㄱ
구 미츠이은행 오타루지점	111
구 일본우선 오타루지점	114

ㄴ
나카후라노 라벤더 농원	124
니토리 미술관	111
닝구르 테라스	133

ㅁ
마일드세븐 언덕	127

ㅂ
바람의 정원	132
북운하	103
비에이 신사	130
비에이센카	130
빨간 지붕 집	129

ㅅ
사계채 언덕	129
사카이마치 거리	104
산아이 언덕 전망공원	129
서양미술관	111
세븐스타 나무	127
숲의 시계	133
스테인드글라스 미술관	110
시립 오타루 문학관	113
신 후라노 프린스 호텔	132

ㅇ
오야코 나무	127
오타루 수족관	109
오타루 예술촌	110
오타루 오르골당 본관	105
오타루 운하	102
오타루 운하 크루즈	103
오타루시청	115
이로나이 교차로	114
일본은행 구 오타루지점 금융자료관	112

ㅈ
제루부 언덕 · 아토무 언덕	123
제트코스터의 길	125

ㅊ
채색의 꽃밭	121
청의 호수	131
치요다 언덕 전망대	129

ㅋ
카시와 공원	127
칸노 팜	123
켄과 메리의 나무	127
크리스마스트리 나무	129
키타이치 글래스	105
키타이치 베네치아 미술관	105

ㅌ
타쿠신칸	129
텐구산 전망대	108
트래디셔널 라벤더 꽃밭	121

ㅍ
파노라마 로드	128
팜 토미타	120
패치워크의 길	126
플라워 랜드 카미후라노	124

ㅎ
행복의 꽃밭	121
호쿠세이언덕 전망공원	127
화인가도	122
화인의 꽃밭	121
후나미자카	115
흰 수염 폭포	131
히노데 공원	124

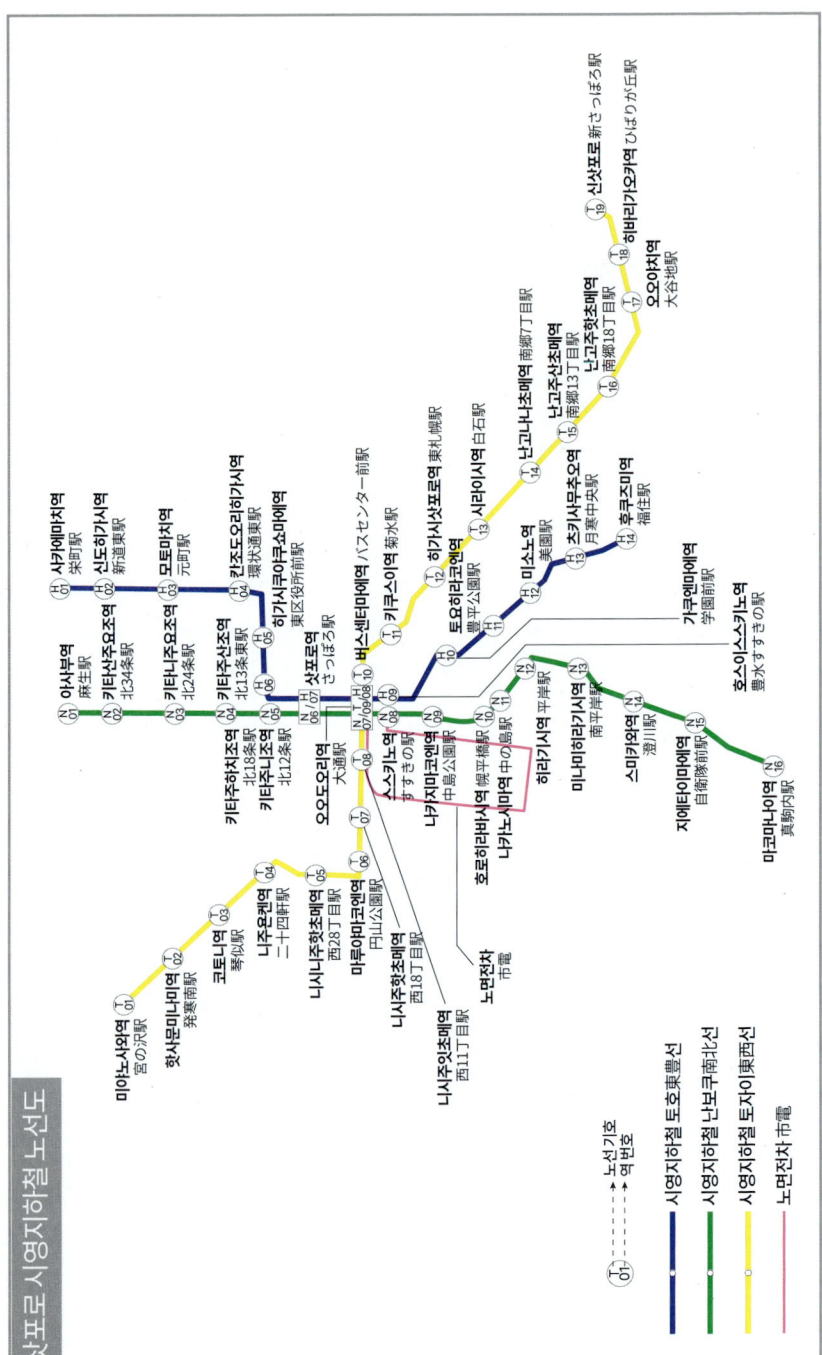

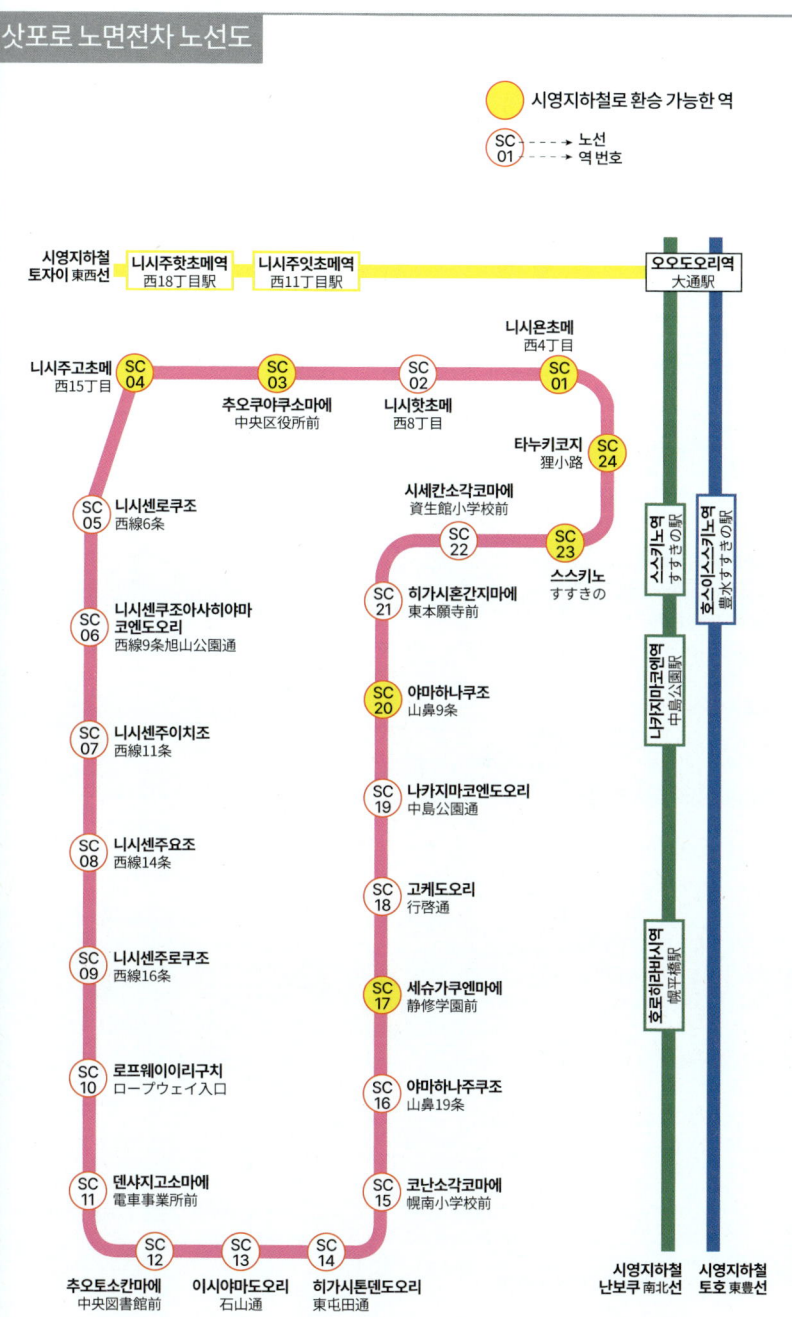

Best friends 베스트 프렌즈 시리즈 **9**

베스트 프렌즈
삿포로

발행일 | 초판 1쇄 2025년 9월 1일

지은이 | 정꽃나래 · 정꽃보라

발행인 | 박장희
대표이사 · 제작총괄 | 신용호
본부장 | 이정아
편집장 | 문주미
책임편집 | 장여진
기획위원 | 박정호
마케팅 | 김주희, 한륜아, 이현지
표지 디자인 | ALL designgroup, 변바희, 김미연
내지 디자인 | 양재연

발행처 | 중앙일보에스(주)
주소 | (03909) 서울시 마포구 상암산로 48-6
등록 | 2008년 1월 25일 제2014-000178호
문의 | jbooks@joongang.co.kr
홈페이지 | jbooks.joins.com
인스타그램 | @friends_travelmate

ⓒ 정꽃나래 · 정꽃보라, 2025

ISBN 978-89-278-8107-0 14980
ISBN 978-89-278-8106-3(세트)

- 이 책은 저작권법에 따라 보호받는 저작물이므로 무단 전재와 무단 복제를 금하며 책 내용의 전부 또는 일부를 이용하려면 반드시 저작권자와 중앙일보에스(주)의 서면 동의를 받아야 합니다.
- 책값은 뒤표지에 있습니다.
- 잘못된 책은 구입처에서 바꿔 드립니다.

중앙books는 중앙일보에스(주)의 단행본 출판 브랜드입니다.